機長の判断力

——情報・時間・状況を操縦する仕事術

坂井優基

講談社+α文庫

文庫化にあたって

この本は『パイロットが空から学んだ一番大切なこと』を文庫化したものです。私が書いたパイロットに直接関係する話としては、最初の本にあたります。

昔、ある副操縦士と一緒に飛んだときに受けた質問に、驚いたことがあります。その日は成田からシンガポールに向かうフライトでした。巡航高度に達し飛行機が安定して、四国沖を飛んでいたときのことです。

「キャプテン、今何を考えていますか？」

突然その日の副操縦士が、質問してきました。

「今、エンジン故障になったら関空に向かおうと思っているし、もし火災などでどうしてもすぐに降りなければいけなくなったら高知に向かおうと思っている。そのためにさっき両方の天気を確かめておいた」

通常、副操縦士の質問で一番多いのが、どうやったらスムーズに着陸できますかというような〝技術〟に関する質問です。こんな質問をしてくる副操縦士は珍しいので「何でそんな質問したの？」とこちらから聞いてみました。

「いや、キャプテンの行動を見ていると、何をどうしているかはわかります。でも、何を考えているかは聞いてみないとわからないので」というのが、返ってきた答えでした。

それからしばらくして彼は機長になりましたが、非常に優秀な機長だという評判です。

パイロットが書いた本を見ると、どんな経験をしてきたのかとか、どんな訓練を受けてきたかというような本は多いのですが、「何を考えているのか」という本は少ない気がします。この本ではとくにその部分を大事に書いたつもりです。

２００９年１月、エンジンに鳥を吸い込んだために飛べなくなり、ハドソン川に不時着した飛行機のニュースが世界中を席巻しましたが、そのときに話題になったのは、「事故による飛行機の危険性」よりも「機長の的確な判断力」でした。これについては後述しますが、いざというとき、機長はやるべきことを正しく選択できる〝判断力〟を日ごろから養っています。

この一件は、その成果が見事に発揮された結果の出来事でした。

本当に重要なのは表面的な行動ではなく、何に着目してどんな情報を集めているのか、何を考えているのかということです。

自分だけでなく大勢の人の命がかかっているのですから、パイロットの世界では様々な考え方や方法が編《あ》み出され、それが先輩から後輩へと伝えられていきます。パイロットの世界で編み出された方法は、読者の皆さんの日常の仕事にもきっと役立つはずです。

文庫化にあたって改めて何度か読み返してみたのですが、決して話が古くなっていないことに自分でも驚いています。

中国の老子や荘子にはおよびもつかないのですが、真理と本質を書いておけば、時がたっても中身は古くならないという気がします。


この本を書いた後に多くの読者の方からお手紙やメールをいただきました。ビジネスマンの方からも「パイロットの世界は自分達と全然違う世界かと思ったが、自分の仕事に役立つ話が多いことに驚いた」という言葉をいただきました。

他にもたくさんの本を書きましたが、「この本が一番好きだ」というメールもよくいただきます。


自分の生きてきた道を振り返って、つくづくパイロットになってよかったと思います。世界中のいろいろな街を見て歩けたのもその理由の一つですし、オーロラや北極海の氷、グレートバリアリーフの珊瑚礁《さんごしょう》と、普通の人ではなかなか見られない景色をたくさん見ることができました。

そして何にもまして、多くのお客様を無事に目的地にお連れしたという充実感があります。気象、管制、機械、状況が難しければ難しいほどやり遂《と》げた後の充実感は格別です。

それと同じように、本を書いて、それが様々な分野で役に立っているというメールやお手紙をいただくのも大変嬉しいことです。

自分の書いた本を読んでくださって、そのことがどこかで一つでも読んでいただいた方々の役に立ち、人生にとってプラスとなることが増えれば、本を書いている人間にとっては何よりの喜びです。

今、世界経済は乱気流に突入しています。

でもどんなに分厚い雲でもそこを突き抜ければ輝く太陽が待っています。今までに降り止まなかった雨はありません。

パイロットの世界では「絶対にあきらめるな」と教えられます。どんなに苦しくてもきっとなんとかなると信じて目の前のことをきちんとこなしていけば、いつか必ず道は開けるはずです。

世の中が荒れれば荒れるほど、進路を見いだすのが難しくなります。そんな時代には、正確な羅針盤が必要です。

この本が、激動の時代の羅針盤となることを願っています。

2009年4月

坂井《さかい》優基《ゆうき》

プロローグ　空から学んだこと

空はいろいろな顔を見せてくれます。一番好きなのが夕日に赤く染まった雲がバラ色に変化していく時間です。ファウストの言葉ではないですが、思わず「時よ止まれ。お前は、美しい」と言いたくなるような世界です。

グレートバリアリーフの透き通った宝石のようなエメラルドグリーンや、太陽の光の変化に連れて一秒一秒その姿を変えるグランドキャニオンの雄大さ――空からの眺めは最高です。

夜のフライトで世界一美しいのが、冬の空気が澄んだ日の関東平野です。人間が生み出したものの中で灯りほど美しいものはないのではないかと思います。空の上からの眺めはまるで地上の銀河です。地球上でこれほど灯りの密集した場所は他にはありません。様々な色の光り輝く宝石に彩られた大地の上に数千万もの人が暮らしています。その芥子粒《けしつぶ》のように小さな一つひとつの灯りの中にじっと優しく見つめ合う恋人達や、お父さんの帰りを温かいシチューを作りながら待っている母子がいるかと思うと、それだけで限りなく優しい気持ちが広がっていきます。

空を飛んでいて、いろいろなことを学びました。大自然の力のすごさ、それに対する人間の無力さ、それでも空を飛ぶためのたくさんの人達の信頼と努力と友情。ひとたび空に魅《み》せられた人間はその虜《とりこ》になってしまいます。

普段の空は優しい顔を見せる絶世の美女です。ところが、パイロットが油断してちょっとでも気を抜くと、突然恐ろしい魔女に変身してしまいます。夏の積乱雲は凶暴な力で近づいたものを引き裂き、破壊します。真冬の凍り付く雨はすべてのものを凍らせてしまう冬の女王の冷たい息かもしれません。

パイロットの世界は未知への挑戦です。いかに天気予報が発達したといっても12時間後のパリの天気が正確にわかるわけではありません。途中のジェット気流の流れの変化や、様々な機器の故障、機内での病人の発生と、何が起きるかはわかりません。

フライトはいつも不確実性に満ちています。

昨日と同じフライトはありません。だからこそ空を飛ぶことが面白いのかもしれません。

長い間空を飛んで私なりに学んだ、現代のパイロットの条件があります。

1　結果力

2　経験によるカン

3　柔らかい思考

4　心をつかむ技術

5　鳥の視点

この5つの言葉は、いつまでも空を優しい美女に留《とど》めておくための魔法の言葉かもしれません。

詳しい説明は本文を読んでもらうとして、これらの力がなければパイロットとしてその責務を果たせないのではないかと思っています。

パイロットの世界ではいつも時間との競争です。燃料に限りがある以上、すべてのことが時間的な制約を受けます。緊急事態が起きたからといって1時間ゆっくり考えてから対処するなどということは許されません。場合によっては対処できる時間は一瞬です。そのためにあらゆる事態に対する行動が無駄がないようになっています。また様々な考え方や技法が作られてきました。だからこそパイロットが、空から学んだことについて語ることが許されるのではないかと思っています。

時間という厳しい制約条件の中で、不確実性に対応するために編《あ》み出された様々な考え方や技法は、日常のビジネスにも十分役に立つに違いないのです。

この本に書かれていることが少しでも皆さんの仕事の一助となれば嬉しい限りです。

機長の判断力◉目次

第3章　パイロットという非日常

第6章　技術を伝承するために

第7章 フライト・シミュレーション

第8章　ビジネスリーダーとしてのパイロット

機長の判断力——情報・時間・状況を操縦する仕事術

第1章　雲の上の職場から

プロフェッショナルでなければならない

飛行機で「飛ぶ」ということは、常に多くの人命と数百億円の機体が危険にさらされる可能性を持っています。そこで、航空業界では昔から数多くの考え方や技法が仕事に編《あ》み出され、国際的な規則やデファクトスタンダード（事実上の業界標準）として使われています。また、通常のビジネスと違い、長くても12時間、短い場合は1時間以内ですべての結果が出ます。飛行機の世界にはビジネスに応用できる様々な知恵があふれているのです。

飛行機のフライトについてパイロットやディスパッチャー（フライトのための資料を集めて飛行計画を作る人）がどんなことを考えているかを見てみましょう。

まず目的地を定めることから始まります。次にお客様の立場からそのフライトごとのテーマを考えます。

その後、滑走路の長さや航空路、気象条件や機体の性能にいたるまで、そのフライトを制限する様々な制約条件を考える必要があります。

テーマと制約条件が決まったらそれらを満足させ目的地に到達する経路を考え、必要な時間、燃料の量、各種の資材、人員などを考えます。燃料など必要なものについては全体の様々な要素を考えて余裕を持たせます。途中での判断基準点を作り、引き返し条件と引き返し地点を明確化しておきます。

目的地の天候が悪くて着陸できない場合や、滑走路が使えない場合の代替空港を決め、さらにそこすら使えないときの第二の代替空港を決めます。途中のチェックポイントを数ヵ所作り進捗《しんちょく》状況をチェックして、上手くいっていない場合は軌道を修正します。

さらに実際のフライトが始まったら、機長は自分のクルーが自由に発言できる雰囲気を作ることに努めます。

機長は決してワンマンなボスになってはなりませんが、最後の決断は自分が行わなくてはなりません。意思決定をするまでの過程では他の乗員の意見をよく聞き、チーム全員での最大のパフォーマンスを引き出すことに努めます。またフライトに影響を与える様々な脅威を取り除き、起きた事象に対して柔らかな思考で対処し、常に結果を出すことを目指します」。

ビジネスの世界もフライトと全く同じではないかと思っています。ビジネスをフライトと同じように考えてみると、まず一番重要なのが正しい目標の設定です。

新幹線の新車両N700系が造られたときの話ですが、500系の速度と700系の居住性を併せ持ち、その上騒音は700系以下という目標を設定したそうです。こうやって目標がはっきりすると、何とかしてその目標を達成できてしまうそうです。

アメリカ海軍で原子力潜水艦の父と呼ばれるリッコーバー提督は、まだ若いころ海軍の調達部門にいました。軍艦の中で使われるトランス（電圧を変える装置）の大きさと種類の多さに業を煮やしたリッコーバーは、そのとき海軍が使っているすべてのトランスの縦、横、高さを測り、縦はその中の最小値、横もその中の最小値、高さもその中の最小値のトランスを作れと命令し、結局はその大きさでできてしまったそうです。

明確な目標ほどその達成を助けるものはありません。

目標が決まったら今度は法律、規則、資金、人員、生産能力、輸送能力などあらゆる角度から制約条件を考えます。その制約条件を満たしながら目標に到達する手段を考えます。

次にその手段をとった場合に必要な時間、費用、資材、人間などを考えます。場合によってはいくつかの案を出して、その各々についての時間や費用などについて考え、最適な案を選択します。

さらに適切な余裕を持たせ、途中での判断基準点を作り、撤退の条件を明確化しておきます。

また、上手くいかなかった場合の代替手段を考えておきます。途中のチェックポイントを数ヵ所作り、進捗状況をチェックして上手くいっていない場合は軌道を修正します。自分のグループ員が自由に発言できる雰囲気を作り出し、ワンマンにならないことも大事です。チームとしての最大のパフォーマンスを引き出すことに努め、ビジネスに影響を及ぼす様々な脅威を取り除きます。このように行えば、すべてのことがとってもすっきりするはずです。

こう書いてくると、なんだか大変なような気がしますが、部分部分に分けて少しずつやれば大した手間ではありません。一番重要なことは、実際に行動を始める前に、必要な事項はほとんどカバーされ、かつ途中で起こる様々な事態に対しても基本的な行動方針と、いろいろなことが起こったときの対応方針が決められていることです。

プロフェッショナルな仕事とアマチュアの仕事を比べた場合、「プロは常に結果を出すことが求められています。アマチュアでしたら「最大限の努力をしました」「よく頑張った」で済みますが、プロはそういきません。たとえ機材が故障しても天気が悪くても、機長には乗客・乗員を無事に地上に帰す責任があります。

「結果力」とは、いついかなるときも結果を出す力のことです。この結果力がビジネスにおいても重要になるのではないでしょうか。

また、「相手の意思に反してでも最善の方法をとることが機長にとっての責任の一つです。たとえお客様がどんなに目的地に向かって飛びたがっていても、飛ぶのが危険な場合には飛ばない選択をします」。一方、アマチュアなら、飛ぶのも飛ばないのも自由です。今日は飛ぼうと思ったけれど、寝坊をしたからもう止めたというのもいいですし、なんとなく気分が乗らないから止めるのも自由です。

もう一つ、機長には自分の決定に対して説明責任があります。天気が悪くてお客様の安全を考えて飛行を止めた場合にも、その天気の何が危ないから止めたのかをきちんと説明する責任があります。

フライトと普通の仕事

フライトと普通の仕事の一番の違いは、多くの人の命がかかっていることです。普通の仕事では、どんなミスを犯しても多額の金額を損することはあっても、それで一度に数百人の命が失われることはありません。そういう意味では、いったん間違いが生じると多くの人の命が危険にさらされる鉄道や原子力発電所などは、飛行機のフライトと似たところがあります。

ただ、鉄道や原子力発電所などと根本的に違うのは、飛行機の場合、止まるわけにはいかないという点です。鉄道の場合は、危なくなったら停止してしまえばよっぽどのことでない限り安全です。また原子力発電所も手順は複雑ですが、原子炉を停止してしまえばそれ以上の害はもたらしません。ところが飛行機の場合は、高速で前進して浮く力を作り出しています。つまり空中で停止してしまったら最後、浮く力がなくなって後は石のように落ちるしかありません。この前に進む速度を得るためにはエンジンが廻《まわ》っていなくてはなりません。エンジンを廻し続けるのに必要な燃料には限りがあります。燃料が残っているうちにきちんとした飛行場に降りなければ、後は海か陸かはわかりませんが、どこかに不時着することになります。

また、フライトで特徴的なのはその速さです。巡航中のジャンボジェット機の場合、1分間に約15㎞進みます。つまり1秒間に250m進んでいます。速度が速いので、何かを感知してから行動するのに使える時間がものすごく短くなります。秒単位どころか状況によっては零点何秒単位の決断と行動が求められます。

通常は管制官が2機の高度を変えるか進路を変えるかしてぶつからないようにしてくれますが、何らかの間違いが起こって、同じ高度で他の飛行機が向こうから迫ってくるときに判断に許される時間は一瞬しかありません。

そのほかにも電波の道に乗って霧の中に進入していくときに、進入できるぎりぎりの高さは30mです。30mまで降りたものの飛行機が正しい位置にいなかった場合、ゴー・アラウンドという再び上昇する操作に移るまでに許される時間はほんの一瞬しかありません。


これら一瞬の判断と行動ができるようになるために、パイロットは何年も訓練を受けます。最初にエンジンが1台の小型のプロペラ機で訓練を始めてから、副操縦士として大型機に乗り込むようになるまでに5年近くの訓練が行われます。副操縦士になってでも何回ものシミュレーターによる訓練や、技量チェック、さらにはチェッカーが乗務しての副操縦士としての仕事ぶりのチェックと、毎年たくさんの試験を受けなければなりません。また毎日のフライトでも先輩の機長から様々なことを教わります。こうやって副操縦士を8年ぐらい続けると、ようやく機長昇格の訓練に入る準備が整います。

その後、学科の国家試験、実技の国家試験、様々な勉強、試験を経てそのすべてに合格して初めて機長となれます。

パイロットにこれだけの訓練や審査が課せられるのは、やはり一度に多くの人の命を預かっているという点につきるのかもしれません。

機長一人で飛んでいるのではない

普通の世界から見れば、機長はオールマイティーに見えます。たった一人でたくさんの人の命を預かります。指先の動きだけで400トンの飛行機が軽やかに空を駆けめぐります。

飛んでいるときは、すべての乗員が機長の決定に従います。

飛行機を操縦しているときはオールマイティーに見える機長も、決して一人で飛ばしているわけではありません。それどころか機長一人では、飛行機は空港の駐機場に止まったまま動かすことさえできないでしょう。

飛行機を動かすためには、実に様々な人が働いています。

出発空港と到着地では天気を記録し、その予報をする人達がいます。

航路上の様々な空域での、火山や悪天、軍事演習などの情報を探して整理する係の人が働いています。その情報に基づいて、当日飛ぶべき航空路が決められます。

大型コンピュータの中では、地球を何万、何十万という地点に分け、その各々の地点の高さでの予想の風が計算されています。それに基づいて飛行時間と燃料が計算されます。

飛行機が使う燃料は機体全体の重さによって変わります。予約のお客様の数や貨物の予約状況から予想離陸重量を出し、その予想重量に基づいた燃料の搭載量と航路上に定められたたくさんの地点で、残存燃料を計算する人達がいます。

その経路をあらかじめ飛行機が通過する世界中の管制機関に連絡することも必要です。

燃料の搭載一つとっても、決められた方式に従って飛行機にたくさんある燃料タンクのどのタンクにどれだけ積むかを決め、その通りに積んでくれる人達も働いています。

貨物も、その内容物や梱包《こんぽう》状態の確認から始まって、重量を計測する人、その重量を受けてどの貨物を飛行機のどの場所に積むかを決める人がいます。

さらに指示された通りに貨物を積んで、飛行中に動かないようにしっかりと固定する人がいます。

貨物や燃料、お客様の数からその日のその飛行機の重量と重心位置を計算する人が働いています。

飛行機が止まっているスポットから動き出すのでさえ、たくさんの飛行機が勝手に動いて収拾がつかなくなることがないように、管制をする人がいますし、飛行機を後ろに押し下げるトーイングカーを運転する人もいます。

お客様が搭乗した後のボーディング・ブリッジを動かす人もいます。

このように飛行機が動くためには、実に様々な人が陰で働いています。あいさつをしたり、感謝の言葉を述べたりと、これらの人に**いかに気持ちよく正しい仕事をしてもらえるようにするか**も、機長の仕事の一つです。

第2章　フライトとはプロジェクトである

プロジェクトとして見たフライト

フライトというと優秀な機長が副操縦士とキャビンクルーを指揮して、目的地まで飛行するというイメージを持っている人が多いかもしれませんが、これだけ大きな機体と様々な仕事があると、とても機長一人ですべてをこなすことはできません。

現代の飛行機のフライトは、非常に多くの人と組織が関係する一大プロジェクトだといえます。前章でも述べた通り、飛行機を飛ばすためには実に多くの人達が働いています。

まずは飛ぶ機体を用意するところから始まります。飛行機は安全を確保するために、何時間飛んだらどの部品を交換してどの部品を検査するという、細かい規則があります。1機につき数百万個ある部品の時間管理と品質管理を行い、定期的な整備作業を行いながら、毎日のスケジュールに間に合うように飛行機を準備する必要があります。さらに不具合点があれば故障を修理する必要があります。

次にディスパッチャーという職種の人が、航空路の制限や途中の地上にある航法施設の状態、気象状態などから、飛べる経路と搭載燃料量を算出します。

客室乗務員も乗務割りに従って会社に集まります。

飛行機の外では燃料やお客様の手荷物、郵便物の搭載が行われます。機内では掃除を終えた後、食事や飲み物、新聞や雑誌などの搭載の準備が必要です。

これらの準備のうちどれか一つが欠けても、飛行機は出発することができません。機長は本来の自分が行う出発準備の他に、これらの業務が正しく行われていることを確認しなければなりません。さらに必要があれば、指示を行ったり、業務の調整を行ったりと全体のコーディネーションをとっていきます。各々の仕事の担当者は自分の業務によく通じていますが、全体を同時に眺めて様々な判断を下すのは機長です。

とくに何かのイレギュラーが起こったときには、機長のプロジェクト・マネジャーとしての役割が非常に重要になってきます。

航空機が大型化、高性能化していくほど、単なる飛行機を飛ばすパイロットから、よりプロジェクト・マネジャーとしての仕事の比重が大きくなります。

そのために現在の機長には操縦技量の他に、プロジェクト・マネジメント、業務管理、時間管理、チームワーク・ビルディング、ナレッジ・マネジメント（個人の知識を集めて組織的に共有できるようにする仕組み）などの多くのビジネス能力も要求されるようになってきました。

すべての仕事にはテーマがある

すべての仕事にはテーマがあります。普通のビジネスにもテーマがあります。新規の顧客を開拓することが目的なのか、利益を守ることが目的なのか、あるいは損をしてでも信用を守ることが目的なのか、テーマが違います。日本マクドナルドの元会長・藤田田《ふじたでん》氏が、外国のバイヤーに食器を売る契約をしました。ところが工場の遅れのため、船で送っていては約束の日に間に合わなくなってしまいました。このとき、藤田氏が、飛行機をチャーターして大損覚悟で期日までに食器を届けたという話は有名です。その結果、信用できる男だという話がひろまって、日本マクドナルドの設立につながりました。フライトにも同じようにテーマがあります。

フライトはどれも同じように見えて、1フライトごとにそのテーマは違います。安全性が最優先されるのは当然ですが、安全性を確保した上で次に何を優先するかはその時々で違います。若い副操縦士にはよくフライトごとのテーマという話をします。今日、これから飛ぼうとしているフライトのテーマ、つまり安全の次に重視すべきことは何かという話です。

主目的を定めておけば、そこからいろいろな事態に対する判断がきちんとできるはずです。

テーマは、製品の価値やサービスの役割をユーザーの立場から考える「VE」(Value Engineering、日本語で価値工学)から決められます。そのときに乗られているお客様の大多数が何を望まれているかは、一便一便違います。お客様一人ひとりに直接聞くわけにはいかなくても、パイロットのほうでそのフライトの大多数のお客様が何を望んでいるかを考え、その望み通りに飛ぶことが求められます。

東京〜大阪の朝一番のフライトでは、大多数のお客様にとってもっとも重要なものは〝時間〟です。このフライトのほとんどのお客様がビジネスマンです。朝の会議や商談に間に合わなくては、数百万円、数千万円の損が出ることすらあり得ます。その他にも親が危篤で一刻も早く実家に帰りたい人など、時間を最優先にしている人がたくさん乗っています。

飛行機は飛ぶ高さによって目的地に到着できる時間が変わってきます。たとえば冬場の上空の西風が強いときにあまり高く上がると、向かい風が強くなって目的地までの時間が余計にかかります。

東京〜大阪の朝の1便目では、準備段階から時間が一番短くなる高度を選びます。低い高度のほうが時間は短くて済むのですが、燃料を余計に使います。当然燃料もそれに対応した量を積みます。さらに旅客係や客室乗務員など関連するすべての人に、時間が最優先することと、自分の担当部署でやらなくてはいけないことを確実にチェックして、飛行機が遅れないように指示しておきます。

また、低い高度では揺れが予想される場合もあります。そのような場合は、シートベルトサインが消えない可能性があるので、トイレは地上の待合室で済ませてもらうようにあらかじめアナウンスしてもらいます。客室乗務員の人にも、揺れたらサービスは即中止、場合によっては全然できない場合もある旨を伝え、これもあらかじめお客様にアナウンスしてもらいます。お客様は飲み物のサービスをしてもらって飛行機が遅れるよりも、飲み物はいらないから、少しでも早くつきたい人がほとんどのはずです。

これだけの準備をした上で、後は一番速い上昇速度と巡航速度、降下速度を使い、途中でショートカットしてまっすぐ飛べるところは、管制官にどんどんショートカットをリクエストします。幸い朝の1便目ですと他に飛んでいる飛行機があまりいないので、ほとんどの場合、ショートカットは認めてもらえます。このように安全性を確保した上であらゆる点で時間を短縮するように飛んで行きます。

これが夏休みの昼の沖縄行きで、家族連れやお子様一人の旅行が多い場合は話がまるで違います。この便の場合、大多数のお客様にとってもっとも重要な価値は飛行機が揺れないことです。そこで安全性の次にくるフライトのテーマは快適性になります。お子様は乗り物酔いに弱かったり、揺れると怖い思いをしたりします。飛行機が揺れると泣き出すこともあります。そうなると本人も周りの人も大変です。そこでいかに揺らさないかがテーマになります。そのために多少時間がかかっても揺れない高度を選び、許される範囲内で経路を変えてでも揺れが少ないところを飛ぶことを第一目的にフライトしています。

どのフライトも同じように飛ぶのではなく、「安全という絶対的に必要な事項を守った上で、その時々の状況に合わせたテーマに沿って飛び方を変えられる、柔らかい思考が求められています」。

自分が部下や中間管理職の場合、上司や会社の考えている仕事のテーマと自分が思っているテーマが一致しなかった場合、自分では会社や上司のためと思ってやったことが、本来のテーマと違って裏目に出て、かえって評価を下げる結果にもなりかねません。

「仕事に取りかかる前に、今度の仕事は新規の顧客を開拓することが目的なのか、社会的な認知度を上げることが目的なのか、利益を上げることが目的なのか、あるいは信用を守ることが目的なのか、**仕事のテーマを考える**ことが重要です」。さらに上司や会社が自分の職責や今回の仕事に何を望んでいるかといったテーマの確認が重要です。

目的の明確化と手段の自由化

ビジネスの世界ではコーチング（人を育てる方法の一つ。相手が自ら問題を解決できるようにする方法）からエンパワーメント（個人に力を与える方法）に主題が移りつつあります。航空会社ではディスパッチャーと機長、とくに機長に大幅な裁量権が与えられています。

東京からホノルルに飛ぶ航空路は、風や気象状態により毎日変更されます。日本からホノルル行きの航空路はトラック11とトラック12の2本の航空路が毎日設定されます。ディスパッチセンターからは一応当日の推奨ルートが出されるのですが、最終的な判断は機長とディスパッチャーの合意で決められます。

ディスパッチセンターからの推奨ルートのほうが早くつくけれども、ちょうど食事のサービスの最中で揺れる可能性がある場合もあります。機長は当日のお客様の数から食事のサービスにかかる時間を考え、ジェット気流の強さや曲がり具合から揺れの程度を予想して、推奨されたものとは違うルートを最適と判断する場合があります。このような場合、機長の意思が優先されます。

たまに、どちらの航空路を飛んでも時間的にも燃料的にも同じで、かつ気象上も何ら問題がない場合があります。そんなときは自分の飛ぶ予定時刻に前後を飛ぶ航空機の経路を調べてもらって、他の飛行機が少ない経路を飛行します。

飛行機は飛ぶ高度で消費する燃料の量が変わってきます。なるべく自分の飛行機にとって都合のよい高度に上がって、最良の高度だけを飛びたいのですが、自分の前後を他の飛行機が飛んでいると、その飛行機との衝突や接近の可能性を下げるために高度が指定されて、飛びたい高度に上がれないことがあります。前後に他の飛行機がいない航空路を飛んでいたほうが、いつでも自分の好きな高度を飛べる確率が高くなります。また揺れた場合にも他の飛行機がいなければ上昇でも降下でも自分が望む高度を飛んで、揺れる高度を避けることが簡単にできます。

飛行機の世界では昔から「何時にどこの飛行場を出発して、何時にどこの飛行場まで安全快適につくように」という目的のみを明示し、航空路や高度、搭載燃料の量などはそのときの現場の判断に任せるというエンパワーメントが進んでいます。

ビジネスの世界も同じではないでしょうか。もっとも大事なのは**制約条件を守った上で、明示された仕事をやり遂《と》げる**ことです。細かな方法や手段についてアドバイスやサジェッションは与えても、最終的な意思決定は担当部署や担当者そのものが行うべきです。

仕事のやり方をものすごく細かなところまで指示する人がいますが、これではいつまでたっても人が育ちません。さらには指示を出す人が病気で休んだり、長期出張したりすると、たちどころに仕事が滞ることになります。

「**制約条件と目的、達成する目標を明確にして、手段は実行する人に任せる**」ほうが最終的にはよりよい成果が得られるはずです。もちろん任せっぱなしでは、不具合が起こる可能性が大きくなりますので、方法は実行する人に任せた上で、そのやり方に沿った詳細なプランを事前に作成してもらい、そのプランを仕事に関係する人の間で十分に検討しておきます。

こうすることによって実行する人は自分のやり方を認めてもらって、自分の得意とするやり方で仕事ができますし、上司はあらかじめ詳細な計画と、不具合が生じた場合の対策、決断などをプランに盛り込むことで安心して仕事が任せられます。

さらに、決められた時点での定期的な報告で進捗《しんちょく》状況を正しく把握でき、修正が必要な場合には手遅れにならないうちに修正できるメリットがあります。

制約条件のチェック

数年前に『ザ・ゴール』というビジネス小説が売れました。この本はＴＯＣ(Theory of Constraints、制約条件の理論)をわかりやすく説明するために書かれた本です。飛行機の運航にも様々な制約条件があります。極論すれば制約条件だらけの中で最適解を探して飛んでいるといえるかもしれません。

出発前の機長の重要な仕事に、搭載する燃料の量の決定があります。燃料は多ければ多いほどよいようにも思えますが、車と違って飛行機は満タンが必ずしも最善とは限りません。飛行機は万が一、エンジンが故障しても十分な上昇性能が得られるように、離陸できる最大の重量が決まっています。また重くなればなるほど、離陸するのに必要な滑走路の長さが必要になります。離陸、着陸に必要な滑走路の長さは滑走路が乾いているか、雨で濡《ぬ》れているか、あるいは雪や氷で覆われているかなどで違います。雪の場合には、雪の性質や積もった厚さや滑走路の滑《すべ》りやすさなどでさらに細かく離着陸重量が決められます。燃料を積みすぎると、重すぎて飛び上がれなくなってしまうこともあるのです。

離陸だけでなく着陸のときも同じように、飛行機の重量が重いほど、滑走路が滑りやすいほど、長い滑走路が必要になります。離陸時に燃料を積みすぎて着陸のときに燃料が減っていないと、離陸はできたけれど着陸のときに滑走路の長さが足りなくて降りられないという笑えないことが起こります。

グァム島やサイパン島に台風が接近しているときに、燃料の量を決めるのは大変です。天気がよいときは万が一グァムに着陸できなかったときの代替空港はサイパンですし、サイパンに降りられなかったときの代替空港はグァムになります。

ところが台風が近づいてきて天気が悪くなった場合には、これら2つの空港は距離が近すぎるために同じような天気になります。一つの空港に降りられなかった場合に他の空港に行くというわけにはいかなくなります。このような場合、成田まで戻れる分の燃料を積んで行くのですが、ここからが大変です。

グァムで何回か着陸をやり直して成田に戻るときを考えると、燃料は多いほうがよいのですが、もし最初に降りられてしまった場合には、かなり重い重量で着陸することになります。グァムやサイパンの滑走路はコンクリートですが、このコンクリートは珊瑚《さんご》が砕けた砂を使ってできていて、雨で表面が濡れると普通のコンクリートよりずっと滑りやすくなります。

さらにグァムの場合、ILS（Instrument Landing System）という電波誘導装置は北東に向かって降りる滑走路にしかついていません。台風のときは北東に向かって追い風で降りる可能性が高くなります。

追い風で降りれば当然、止まるまでに必要な滑走路の長さも増加します。どの滑走路で降りられるかについては、気象の予報を元に数時間後の天気を考えてその確率を考えなくてはいけません。その後、到着時の滑走路の状況や気象状態を予想して正確に性能を計算して、着陸のときに許容できる飛行機の重量を出し、それに見合った燃料の量を搭載しなくてはなりません。

このように様々な要素を考えて、搭載する燃料の量を決定します。ごくまれなケースですが、場合によっては必ずしも当日到着しなくてもよい貨物を降ろして、その重さ分の燃料を増やすこともあります。

パイロットにとって様々な制約条件をどこまで考えることができるか、その制約条件の中で自分がとり得る最前の策は何かということが重要になります。

またパイロットは自分のフライトだけでなく次に飛ぶクルーについてまで考えて、判断をします。飛んで行く目的地の飛行場には飛行機の主要な部品は置いてありますが、すべての部品を置いてあるわけではありません。目的地の飛行場にない部品が故障して、目的地で修理しなければ出発できない場合には他の便で部品を送ったり、よその航空会社から部品を借りたりしますが、いずれにしろかなり時間がかかって次の便の出発が遅れます。ボーディング・ブリッジから離れた後に、次のフライトで必要な部品が壊れた場合、次の便のお客様のことを考えて、再び駐機場に戻って修理してから出発することがあります。

自分のフライトの制約条件だけでなく、自分の後のフライトの制約条件まで考えるときに、大事なのが**鳥の視点**です。鳥の視点とは、たとえて言うと、グランドキャニオンの上空から鷲《わし》が下界の小動物を探すときの視点と言えばわかりやすいでしょうか。

飛行機を飛ばすために必要な気象、滑走路の状態、積載物、重量、燃料といった飛行機そのものの運航にかかわる制約条件だけではなく、お客様でどういう状態の人がどこに何人乗るかとか、客室乗務員の仕事の時間制限、どの場所に飛行機が止まるか、食料の搭載にいたるまで、ありとあらゆる制約条件を考えます。この条件を考え損ねると後で大変なことになってしまいます。何らかの理由によって通常のフライトと違うフライトの場合、まず自分がとろうとする行動を整備士やディスパッチャー、キャビンのチーフに示して、制約条件の見落としがないかを確認します。

ビジネスを行う上で重要なのは、**自分のとろうとしている行動の制約条件を考える**ことです。場合によっては出店しようとしていた地域が法律上の制限から出店できないとか、日本ではよく行われている方法が国によっては法律や習慣によってできないなどという、考えてもいなかった制約条件が存在する場合があります。制約条件の洗い出しには、自分達だけでなく現場の第一線の人間や現地の法律家など、なるべく幅広く多くの人の意見をチェックすることが重要です。

次にその制約条件の中で、自分もしくは自分の会社がとり得る最善の行動と、それによって得られる利益、かかる時間や人的資源、費用を算出します。場合によってはその仕事はしないということが最適解になることもあります。ぜひ制約条件の洗い出しと、その中でとり得る最適解について考えてみてください。

途中での確認

飛行機は自分の飛びたいようにでたらめに飛んでいるわけではありません。何もないように見える空ですが、出発地と目的地の間には何本もの航空路という〝空の道〟が決められていて、飛行機は管制官の許可を受けた上で、この航空路を飛んでいます。また単に飛ぶべき航空路が決められているだけではなく、一つの航空路の上に何ヵ所も特別な名前を付けた場所があります。その場所をウェイポイントと呼んでいます。

このウェイポイントを通過するごとに、パイロットは、通過高度、次のコース、燃料の残量、風の方向と速度、気温などをチェックして、あらかじめ用意してあるフライトプランという紙に記録します。

もし残っている燃料の量が、あらかじめ計算されたフライトプラン上の量よりも少ない場合には、その原因と目的地まで飛んだ後に必要な燃料が残っているかどうかを調べます。

たとえば向かい風が予報よりも強い場合は、当然飛行時間も長くかかりますし、その分余計に燃料を使います。こういうときに備えてあらかじめコンティンジェンシー燃料という予備の燃料を積んでいますが、その予備の燃料も使ってしまいそうなときには、速度を変えたり燃料が少なくて済む高度を要求したり対応手段を考えます。ほとんどないことなのですが、目的地の飛行場の天気が悪くて他の飛行場に行かなくてはいけないときには、最初から天気がよい他の飛行場に向かったり、途中の飛行場に降りたりすることを考えなくてはいけない場合もあります。

ウェイポイントのうちあらかじめ決められた場所では、無線やデータ通信で地上にいる管制官に、通過した時間と高度、次のポイントの通過予定時刻とそのもう一つ先のポイントはどこであるかを伝えます。

管制官は、先行機や後続機の通過予定時刻と高度を見て、他の飛行機との間に適切な間隔を維持するために、速度を指示したり高度を変える指示を出したりします。

このチェックポイントやウェイポイントを使う方法は、ビジネスにも応用できるかもしれません。最初に到達すべき目標を決めたなら、その目標達成のためにとるべき手段、必要な資金、必要な人材、時間などの予想を紙に書き出します。一定の時間または仕事の区切りごとにチェックポイントを定めて、その到達予定期日、そこまでにかかる経費、そこまでに揃《そろ》っているべき資材、人員などの予定を記入したナビゲーション・ログに相当するものを作ります。**実際にプロジェクトを開始する前に完成までのログを作り上げておく**のです。

プロジェクトが開始されたら、各チェックポイントごとに到達期日、経費、資材、人員などについて正確に記入していきます。当然計画と実際にはずれが生じますが、そのたびごとに進路を修正していけばいいわけです。期日に遅れていてどうしても期日までに達成しなければいけない場合、必要な人員を増やすべきなのか、または一部の仕事を外注に出すべきなのか、あるいは残業で対処すべきなのか、場合によっては効率を上げるための機械を買うべきなのか、対策は各々プロジェクトの条件によって変わります。

このチェックと修正を細かく行うことで、所期の目的を大きな齟齬《そご》なく達成できるはずです。

行くか戻るかを決める判断基準点

現代の飛行機は慣性基準装置と呼ばれる装置を持っていて、地上や人工衛星からの電波が全く届かなくてもこの装置だけで正確に定められた航空路を飛ぶことができるようになっています。この慣性基準装置は通常1機の飛行機に3台積まれています。

3台積まれている理由は、2台だと2台の計算した位置が違ったときに、どちらが正しいかわからなくなるからです。３台あれば1台がおかしくなっても、多数決の原理でどれがおかしいのかがすぐにわかります。

この装置が故障する確率はものすごく低いのですが、それでも航空路ごとに故障したときに出発空港に戻るべき判断基準点があらかじめ設定してあります。この判断基準点に到達するまでに、決められた台数以上の慣性基準装置が故障した場合、いかに目的地までの天気がよくパイロットに飛べる自信があっても、引き返さなくてはいけません。

上空で様々な要素や規則を勘案して、膨大な計算を瞬時に行うことは不可能です。

この装置が上空でおかしくなった場合、パイロットは規定に定められた判断基準点をすでに通過したかどうかを確認するだけで、目的地に飛び続けたほうがよいのか、出発地に引き返したほうがよいのかがすぐにわかります。判断基準点をあらかじめ決めておくことで、一人ひとりのパイロットの考え方による判断の違いをなくし、誰が飛んでも航空会社として定めた安全レベルを保てるようにしてあります。

ビジネスの世界でも、開店1年目までに利益が出なかったら撤退するとか、損が2000万円を超えたら撤退する、というようなことをあらかじめ決めておく必要があります。

巨大プロジェクトがこの判断基準点を決めておかなかったばかりに、どんどん資金を食いつぶし、会社の存立を危うくしたり、場合によっては会社そのものが消滅してしまった例がたくさんあります。

一定以上の資金や時間、人をつぎ込むと、今までつぎ込んできた資金や時間が無駄になるという恐れから、中止という結論がどんどん出しにくくなってしまいます。なかなか中止の決定ができず、結果的により傷口を広げたプロジェクトがたくさんあります。

プロジェクト中止を進言したり、決定する人間は、当然そのプロジェクトの実行を決めた人間や、一生懸命やっているプロジェクトの推進者全員からうらまれます。それが嫌《いや》で過去の行動の延長線上でプロジェクトを続行していくと、資金や人間のエネルギーがどんどん浪費されてしまい、気がついたときにはどうしようもなくなってしまいます。

この弊害を防ぐためには、期日と到達目標をあらかじめいくつも設定しておいて、その期日までに目標がクリアできない場合には潔く撤退するという判断基準点を、プロジェクトや出店を開始する前に、しっかりと作っておくことが重要です。

そうすれば、達成すべき当面の目標がはっきりしますし、何らかの理由で上手くいかなかった場合にずるずると深みにはまる危険性を回避できます。

また中止を決める人間も、機械的に判断基準点に当てはめて中止を宣言すればよいだけなので、中止すべきか継続すべきかという議論で社内がまっぷたつに割れるというような事態も避けられます。

健全な企業であれば、たった1回の失敗で倒産してしまうことはありません。しかし、しまったと思ったときにあわてて損を取り返そうとして、二重、三重に悪手を打つことによって倒産します。

判断基準点が明確にしてあれば、撤退するのはある意味予定された行動ですし、損を取り戻そうとして、第二、第三の悪手を打つ危険性が大幅に減ります。

どうしても、その場では担当者の立場とか、努力を考えて例外を作りたくなるものですが、例外的な運用をしては最初に判断基準点を設けた意味がなくなってしまいます。

そのためにも判断基準点の作成は、担当者も含めて現実的かつ合理的なものにすると同時に、一度決めた基準の運用は厳格に行うことが必要です。

不確実性への備え

飛行機に搭載する燃料は厳密に計算して決められています。

まず目的地まで飛ぶのに必要な燃料、万が一、目的地に降りられなかったときに代替飛行場に向かう燃料、さらに管制のために上空で待機させられる分の燃料を持っています。その他にも目的地の天気予報や空港の混雑具合など、様々な条件を勘案して搭載する燃料の量が決められます。

飛行機は重くなればなるほど、余計に燃料を使います。１トンの燃料を余計に積んでもヨーロッパまでのフライトで12時間飛ぶと、目的地では６４０キロしか残りません。３６０キロは燃料を積んで重さが増加したために、空気抵抗の増加となって途中で消えてしまいます。なるべく余分な燃料は積みたくないのですが、いかに正確な計算をしても世の中には様々な予測できないことが起こります。たとえば上空の追い風が弱かったり、また向かい風が強かったりすると、飛行時間が増え、その分余分に燃料を消費します。自分の飛行機にとっての最適な高度が他の飛行機との位置からもらえず、低い高度を飛ばなくてはいけないとその分燃料を余分に消費します。また、管制の混雑による空中待機が思っていたよりも長くなったりするときもあります。

これらの予測できない変化に対する分の燃料としてコンティンジェンシー燃料（予想がはずれたときのための予備燃料）を積みます。この積み方では、国や国際的な取り決めの範囲内で各航空会社が独自に決めた燃料を積んでいます。

航空会社によって決め方は様々ですが、比較的多いのが目的地までに消費する燃料の５％というような決め方です。これは遠くに飛べば飛ぶほど途中の予測できないファクターが増えることから割り出された値です。

『石橋を叩《たた》けば渡れない。』（西堀栄三郎著・生産性出版）という本によると、初めて日本の観測隊が南極で越冬したときの西堀隊長は、栄養士の人が細かく決めた献立とそれに基づく材料を、「肉は何キログラム、何は何キログラムと全部集計して用意したまえ。ただしその時に計算した数字は2倍にしておけよ」と、すべての品目について倍ほどの食料を持っていったそうです。初めての南極での越冬ですから何が起こるかわかりません。次の夏までは迎えも来ませんから、ちょっと何かが足りないからスーパーへ、というわけにはいきません。さすがにわかっていらっしゃいます。案の定、ついてすぐに食料の一部が海に落ちて使えなくなったそうです。

ビジネスの世界にも様々な不測の事態が起きます。工場の生産が遅れて納期に間に合わないとか、急に出費が増えたり、収入が減ったりして一時的に運転資金がショートするなど、予測できないことが起こります。それこそ水道管が破裂して営業できない日があるとか、不意の停電、為替レートの変動から競合会社の新製品や新規出店まで、明日は何が起きるかわからない世の中です。

そこですべてのプロジェクトや、出店計画にはコンティンジェンシーという概念が必要です。

納期にしても、資金にしても厳密な計算を行って出した後、不測の事態に備える余裕を持つ必要があります。その余裕分もただやみくもにあればいいというものではなく、一定の法則に基づいた値を持っている必要があります。昔は飲食店を新しく作ったときは、最初の3年はお客様があまり入らないことを想定してその間の運転資金も考えておけ、ということが言われていたそうです。今ではそんな悠長なことは言っていられません。それでも最初の数ヵ月の運転資金まで考えて資金計画を作らなければならないそうです。

鉄道のダイヤを作るときに、時間一杯にぎりぎりの本数を通したいと思うのが人情です。ところが、ダイヤを作るプロは一定時間ごとに電車を通せる空きをわざと作るそうです。故障や遅れなどがあった場合や臨時列車を走らせる場合に、この空いている時間が非常に大事になるそうです。張りすぎた弓では矢が上手く飛ばないのと同じように、**意図的な余裕は絶対に必要**です。このコンティンジェンシーにあたる日程や資金があれば、多少のことが起きてもあわてずに対処できます。

もし予定外のことが起きたらこのコンティンジェンシーを利用しつつ、他の部分で日程を短縮する努力をしたり、他に資金を求めればいつも余裕を持っていられますし、その努力の間も本来のプロジェクトは何の影響も受けません。

確実に実行するためのチェックリスト

パイロットは操縦する他にスイッチを動かして、たくさんの機器をそのときに合わせた状態にしなければいけません。操縦に対して操作といえるかもしれません。この操作には非常に重要なものが含まれています。普通に飛ぶときでさえ、離陸から着陸まで数百の操作がありますし、さらに各種の機器が故障したときには、その故障に対応した故障時操作があります。

これらの操作をすべて記憶に頼って行うと、どこかで間違ったり、抜けたりする可能性があります。そこで昔からチェックリストが使われています。チェックリストはやらなければいけないことと、そのときスイッチがどうなっていなければならないかを順番に列記したものです。一般的なものは1枚の紙、または紙で作ったバインダーですが、プラスチックでできていて、やったところまでをポインターを動かして表示できるものや、最近ではコンピュータを使って画面上に表示させるものもできてきました。

チェックリストは10㎝×20㎝の紙に機器の名前、あるべき位置が書いてあります。たとえば機長がランディング・チェックリストとオーダーすると副操縦士はチェックリストに書いてある「ランディング・ギア」と読み上げます。機長は実際の計器の表示を見て「ダウン」と答えます。副操縦士は機長の答えがチェックリストに書いてある「ダウン」と同じであることを確認します。こうやって項目を一つずつ消化して全部終わったところで「ランディング・チェックリスト・コンプリート」と言い、チェックリストの終了を確認します。

チェックリストには大きく分けて2つの種類があります。

一つは最初に記憶で操作をしておき、一区切りごとに後から正しく操作されていることを確認するチェックリストです。エンジン始動前のビフォー・スタート・チェックリスト、離陸前のビフォー・テイクオフ・チェックリストなど、通常の操作に関わるチェックリストがこの形式です。

もう一つは、チェックリストを見ながら、その指示に従って操作をしていくチェックリストです。緊急、故障時のチェックリストがほぼこの形式です。たとえば、何台かある発電機のうちの1台が故障した場合、発電機故障時のチェックリストを読み上げ、ここに書かれている通りの操作をしていきます。

ビジネスの世界でも様々な確認が必要です。個人の記憶や感覚でやっていると、担当者が替わったときや、病気で休んでいるときに上手く対応できません。他社へのプレゼンテーションを行おうとして、必要な資料がなかったり、パソコンやプロジェクターが上手く使えない、外国でのプレゼンテーションのときにアダプターやプラグの変換器、電圧の変換器がないなど、現地でわかっても対処のしようがないこともあります。

そこでいろいろなケースに対応してチェックリストを作っておく必要があります。チェックリストを作るときは自分一人で作るのではなくて、なるべく多くの人の知恵を集めることが重要です。

とくに過去にその仕事をしたことがある人の経験は有効です。思わぬところに落とし穴があったりするので、よく経験者の話を聞いて抜けがないようにします。
さらにチェックリストには改訂が必要です。チェックリストを使って何らかの仕事をした場合、後で振り返って足りない項目は追加します。また不要な項目は削除していきます。こうやって、いろいろな業務にチェックリストを作っておけば、新人でもある程度はベテランと同じように対応できますし、担当者が替わっても、出張や病気で担当者がいなくても一定以上の仕事の品質が保てます。

このチェックリストがとくに役立つのが、様々な緊急事態や突発事態です。社内、社外を通じて必要な人への連絡、後での検証に備えて、時間軸に沿って何時何分にどこからどういう連絡があったのか、誰がどういう対処をしたのかを詳細につけるランニング・ログの作成、あらかじめ決めておいた対応策の始動と、かなり上手に対処できるはずです。

ビジネスの世界でもチェックリストが必要です。
ぜひ様々な事態に対応するチェックリストを作ってください。

記録の重要性

機長は法律や会社の規則で決められた事象が起こったときには、機長報告書を提出しなければなりません。最近ではフライト中の病人の発生や、お客様どうしのトラブルといった客室内での出来事についての報告書が目立つようになってきました。

この報告書を書くときに必要なのが、いつ誰からどういう報告を受けて、どういう指示を出したかという記録です。まさかエンジンが故障したなどというような重大事態にこういう記録をとっているヒマはありませんが、軽微な事象ではいろいろな記録を付けています。

また航空会社では事故が発生したり、事故ほどではないけれどもその一歩手前のインシデントが発生した場合には、地上の責任部署はランニング・ログを付けます。これは何時何分にどこからどういう連絡があって、その情報を誰が受けたか、受けた情報を誰に伝えたか、また誰にどういう指示を出したかを時系列に沿って記入したものです。このランニング・ログがあれば、後から報告書を書くのも簡単ですし、対応が上手くいったのか、どこを改善すべきだったのかということがよくわかります。

何かあった場合は適切な記録を残すことが重要です。


このように基礎になるのはあくまでデータです。様々なことを記録しておくことが重要になります。

とくに現在の瞬時の値ではなく、過去からの傾向を見るには正しい記録が必要です。アメリカのある航空会社では、第二次世界大戦が終わったときから、すべてのフライトの予約と実際に搭乗したお客様の数や、キャンセルの数を記録しているそうです。データによると、金曜日のアメリカ行きの便や旧正月前後の中国線の便ではキャンセルがほとんどありません。このデータを基に搭載する食事の数をコントロールしているそうです。さらに中国の人は機内食にチキンを頼む率が高いから、旧正月前後の中国線はチキンの数を増やしているそうです。記録するだけでは意味はありませんが、記録から情報を取り出すことで様々なことが見えてきます。

第3章　パイロットという非日常

操縦について

操縦とは、そのときの飛行機の状態を自分の望む最良の状態に持っていくことをいいます。

機長および副操縦士の前には操縦桿《そうじゅうかん》があり、飛行機を右に向けるには操縦桿を右に回して飛行機全体を右に傾ける必要があります。ところがこの操縦桿は右にずっと傾けていればいいというものではありません。操縦桿を右に向けて飛行機がそれにつれて右に傾いた後、傾きがちょうどよくなったら操縦桿を戻す必要があります。ある傾きを保ったままにするために必要な操縦桿の位置は、そのときの飛行機の傾きによって違います。

また飛行機の機首を上げるには操縦桿を後ろに引き、飛行機の機首を下げるには操縦桿を前に押します。これも押し続ければいいというものではなく、機首の角度がちょうどよくなったところでその位置を保つように操縦桿を動かします。

大変なのはこれらが単独ではなく連動していることです。飛行機の傾きが大きくなればなるほど機首は下に下がろうとします。高度を変えずに旋回しようとすれば、傾きが大きくなればなるほど操縦桿を引かなくてはなりません。この他にもエンジンの出力を上げると機首は上に上がろうとしますし、逆にエンジンの出力を下げると機首は下に下がろうとします。飛行機には速度が遅くても十分空中に浮いていられるようにするため、フラップ（離着陸時に翼の面積を増やして、遅い速度でも十分な揚力を得るための装置）というものが付いていますが、このフラップを上げ下げするときに機首もやはり上下に動こうとします。パイロットはこれらのエンジンやフラップによる機首の動きを抑えるように操縦桿を動かさなくてはなりません。

スタートよりゴール

「離陸と着陸とどちらが大変ですか？」という質問をよく受けます。結論からいうと着陸のほうが１００倍大変です。

Ｂ７４７－４００のような大型機が降りる滑走路の幅は通常45ｍです。かなり広く思えるかもしれませんが、機体の横幅が64・４ｍということを考えると決して広くはありません。

滑走路の手前の端を通過する高さも決まっています。低すぎると脚が手前の地面や滑走路の端にぶつかって機体が壊れてしまいますし、高すぎると地面につく接地点が遠くに延び、滑走路の中で止まれない危険性が増します。滑走路の手前の端２００ｍから７５０ｍの間に、決められた速度の10㎞少ない値から20㎞多い範囲内で、また地面への降下率は１秒間に３ｍ以内で、機体の角度は上げすぎるとお尻《しり》が滑走路につくし、下げすぎると前輪から先について前輪を壊すので、その間の適切な角度で接地しなければなりません。左右は傾けすぎるとエンジンを滑走路にこするので、これも定められた角度以内にしなければなりません。方向も主脚とタイヤに悪影響が出るので定められた範囲にと、すべての条件を収斂《しゅうれん》させなくてはいけません。

どれか一つの条件が上手く達成できないだけで、機体が壊れて大変なことになってしまいます。

天気がよい普通の着陸でさえ、これだけの要素があるのに、これに様々な悪天が加わります。もちろん通常は地上から出されている電波の道の上を飛んで行くのですが、霧で対地30ｍまで滑走路が見えないときもありますし、さらに横風が吹いたり、上空で風が急に変わったり、滑走路の表面が雪や氷で覆われて滑《すべ》りやすくなっているときもあります。

場合によってはこれらが複合して吹雪で雪が横殴りの風とともに降っていて、横風への対処もしなくてはなりませんし、滑走路が地面近くまで見えない、さらに降りた後は積もった雪が凍りついて滑走路がつるつるという状態もあります。

台風で土砂降りの雨の中、これは飛行機ではなくて潜水艦になったのかと思うような天気もあります。

離陸の場合は、天気がものすごく悪いときには離陸を止めて元のスポットに帰ることができますが、着陸は止めるわけにはいきません。

ビジネスにおいても、スタートよりゴールが肝心です。最後ほど気を抜かずに慎重でありたいものです。

食事というリスク

B747－400の場合、通常操縦席には2人のパイロットが座ります。ヨーロッパ線やニューヨーク線のような長距離路線では、交代要員のパイロットも含めて操縦席には3人のパイロットがいます。

パイロットも人間ですから、長距離路線では当然食事を摂《と》ります。このパイロットの食べる食事には細かい規則があります。まずパイロットが食べる食事は完全に別々の材料で作られたものが提供されます。さらにこの食事を同じコックさんが作ることも許されていません。必ず別のコックさんが作らなければなりません。当然まな板も包丁もすべての調理器具は別のものが使われますし、肉類を切った包丁やまな板は野菜などを調理するときには使ってはいけません。

さらにご飯ですが、できるとすぐに冷気にあてて急速に冷やされます。飛行機が天候などの理由で大幅に遅れたりするときには、作ってから決められた時間以上たった食事は廃棄されます。

2人のパイロットが食事を摂る時間も、同じにならないように規則で決められています。

このように、パイロット全員が間違っても同時に食中毒などを起こさないように様々な工夫がされています。

外国での食事にも気をつかいます。あまり衛生状態がよくない国では、生ものを食べないようにするのは当然のことですが、それ以外にもたとえば、サラダは洗った水が必ずしも安全でない可能性があるので食べないようにしています。危ないのが水割りやロックの氷です。氷自体は普通の水から作られることが多いので、中に雑菌が入っている危険性があります。国によってはアイスクリームやシャーベットを食べるのもひかえます。その他に貝類は食べないようにするとか、気をつかうことはいっぱいあります。

普段の食事に気をつけるのも、パイロットのマナーです。フライト直前で体調を崩して飛べなくなると、自分が飛ぶはずだったフライトを別の人が飛ばなくてはならず、周りの人にかなりの迷惑をかけてしまいます。私の場合、フライトの前日は寿司などの生の魚は食べません。また貝類もあたると怖いので食べないようにしています。コックピットは狭いので相手に迷惑をかけないように、ニンニクの入った料理も食べません。

ほとんどのパイロットが日常生活から様々なことに気を配っています。

お酒や薬には厳しい制限がついています。アメリカではこれらに違反した乗員が逮捕されたこともありますし、日本では解雇の対象になります。地上でも空中でも決められたことをきちんと守るのはパイロットとして当たり前のことです。

アルコールはフライトを開始する12時間以内には飲んではいけません。もちろんたとえ12時間前に飲むのを止めたとしても、翌日のフライトに影響が残るような飲み方をしてはいけないのは言うまでもありません。

薬に関しても、風邪薬をはじめとするほとんどすべての薬はフライトの24時間以前からは飲んではいけません。

飛んで行った出先で体調が悪くなれば、交代要員の確保が難しくなりフライトそのものができなくなったり大幅な遅れを生じる危険性があります。日本を出発する前ならばまだ交代要員を探せます。

そこでパイロットは自分の体調が悪いと思えば、なるべく早く会社に連絡して自分のフライトをキャンセルして交代要員に飛んでもらうことが必要になります。

日ごろから健康管理に努めるのも自分の仕事のうちですが、やはり人間ですから時には風邪をひくこともあります。そのような場合には怪しそうだと思えばなるべく早く会社に連絡し、代役を立ててもらいます。

病気になるたびに、万全な状態で仕事に臨むには、万全な体調からということを人一倍痛感します。

パイロットの持ちもの

パイロットも地上に降りれば普通の人です。普段私服で街を歩いていても絶対にわかりません。仕事の上では制服ですので普段着は比較的ラフな格好をしている人が多いようです。ヨーロッパに行くときは必ずネクタイとスーツで通す人もいますが、私の場合ネクタイが必要になるような場所にはあまり行きません。外国へのフライトでも持っていくものは普通の人が旅行で持っていくものとあまり変わりありません。

パイロットが乗る車は、国産の比較的大型で衝突しても大丈夫なボディの車やベンツやボルボなどが多いようです。これは何も贅沢をしているわけではありません。パイロットは年に2回、厳しい身体検査を受けなくてはなりません。

パイロットが、もし車に乗っているときに交通事故にあって、体の機能が一部でも損なわれると、完全に治るまで飛ぶことができません。普通の人なら全く不自由なく会社に通って仕事ができるぐらいにまで回復しても、パイロットは完璧《かんぺき》でないかぎりフライトに復帰することはできません。

全員ではありませんが、国際携帯電話を持っている人もいます。一度家を出ると、長いフライトでは1週間以上日本に帰らないときがあります。このようなときにすぐに連絡がつけば安心です。GMSという携帯電話の形式ならば、世界中のほとんどの国で通じます。

その他、職業柄必ず持ち歩く「仕事道具」というものがいくつかありますが、それらにはあるこだわりがあります。詳しいことは、コラムでいくつか紹介しています。

コラム パイロットの仕事道具

サングラス

様々な職業には、それぞれに異なった「仕事道具」というものがあります。仕事で培われた技術や知恵と同様、道具というのは仕事をやり遂《と》げる上での重要な支えとなってくれます。

パイロットにとってサングラスは必需品です。明るい日中は皆サングラスをかけて操縦するのですが、これは別に格好がいいからかけているわけではありません。これにはある重要な理由があります。

上空に上がると紫外線の量が大幅に増加します。さらに雲の上に出ると、上からの紫外線と雲に反射した紫外線、約２倍の量の紫外線にさらされます。こんな中をサングラスなしで飛び続けると、白内障になったり網膜をやられたりと、目の病気になりやすくなります。そんな強い光から目を保護するために、パイロットはサングラスをかけているのです。

サングラスのレンズの色も問題です。かけたときに、警報灯の色が実際と違った色に見えてしまっては大変です。また黄色のサングラスはコントラストを増して、遠くの小さな目標を発見しやすくしますが、目がすぐに疲れます。最適なのはグレーのレンズのサングラスです。

また、操縦席の中では素材として使えないサングラスというのもあります。偏光《へんこう》ガラスと呼ばれるレンズを使ったサングラスです。実は操縦席の窓は、何層もの材料を貼《は》り合わせて作ってあります。この中で偏光ガラスを使ったサングラスをかけると、操縦席の窓の表面が虹《にじ》の色に見え、外が全然見えなくなります。

パイロットにとって視力というのは、人一倍気を使わなければならないポイントです。視力を含めた厳しい健康診断（航空身体検査）も年2回行われ、それに合格しないと乗客を乗せてフライトすることができません。サングラスは、その視力を保護する重要な役割を担っているのです。

第4章　マニュアルと情報処理と

マニュアルの読み方

外食産業などでは、マニュアルをしっかり作りその通りに運用することを求めている店と、逆にマニュアルを最小限にしようとする店の両極端に分かれます。

飛行機を飛ばすにはマニュアルが絶対に必要です。いつでも結果を出せるようにするためには、マニュアルを徹底的に使いこなせるようになることが必要です。マニュアルがなければ、いろいろなパイロットが自分勝手な飛び方をして事故を起こす危険性があります。

勝手に飛んでいるように見えるパイロットですが、どこでどういうことをしなさいという操作手順がしっかり決まっています。やってはいけない禁止事項や制限事項、また緊急時の操作手順や故障時の操作手順がマニュアルで明確に決められています。ではマニュアルに書かれている以外のことは絶対にしてはいけないかというと、そうでないところにマニュアルの難しさがあります。

飛行機における緊急事態は実に様々です。緊急事態の数だけその種類があるといってよいほど、何がしかの違いがあり、全く同じ形での緊急事態は起こりません。飛んでいる場所、そのときの高度、飛行機の重さなど何かの条件が少し違えば、あるときに最善だった方法が別のときには最悪の方法になってしまう危険性があります。

そこでどのマニュアルも冒頭に、これは標準的なやり方を定めたもので、パイロットが必要だと思えば、マニュアルに書かれた方法から逸脱してよい旨のことが書かれています。

とはいっても非常に慎重な議論を重ねて作られた飛行機のマニュアルを、そう簡単に変えていいとも思えません。思いつきでマニュアルと違うことをやると、事故に繋《つな》がることさえあります。そのためにもなぜマニュアルがそう決められたのかを理解しておくことが大事になります。

マニュアルにおける民族性

様々な国の人と付き合っていると、マニュアルの受け取り方には民族によって大きな違いがあるような気がします。

アメリカ人やヨーロッパ人のクルーはあまり細かな点にこだわりません。日本人から見れば、もう少し細かな点まで注意を払ってほしいと思うようなこともときどきあります。彼らは細かなことには無頓着《むとんちゃく》なのですが、これだけははずしてはいけないというような重要な部分は、ほとんどはずしません。細かな点には注意を向けていないので、注意配分と神経は十分に余裕があります。

一方、日本人を含めてアジア人は本当に細かなところまで丁寧《ていねい》に行うのですが、ときどき大事なことをはずしたりします。つまり、丁寧にすべてをやろうとするあまり上手の手から水が漏れるということが起こります。

この話を、オーストラリア空軍の教官と話した際に、彼も東南アジアのある国のパイロットに教えたときに同じことを感じたと言っていました。

英語で書かれているマニュアルには注意書きとしてWarning, Caution, Noteの3種類が出てきます。日本語に訳すと警告、注意、注となります。

一般に欧米人はこの3種類のうちの注として書かれていることは、あまり忠実に守ろうとはしない傾向があるように思います。その代わり警告として書かれているようなことは、ほとんどやりません。

それに対して、日本人を含むアジアの人達は、警告は当然のことながら注にいたるまですべてをきちんと守ろうとします。ただし細かなところまでをきちんと守ろうとするあまり、肝心の警告と書かれている部分を間違うことがあるような気がします。

個人的には、これは宗教観の違いからくるのではないかと思っています。欧米のほとんどの人はキリスト教を信じています。キリスト教はあくまで絶対的な神という存在があります。彼らにとって警告にはこの絶対に近いものがあるのだと思われます。一方、仏教やヒンドゥー教などは多神教です。多神教においてはすべての神々を敬《うやま》います。もちろん自分が信じる神が一番上位にくるのですが、他の神々に対しても十分に敬います。このベースがあるために、欧米人ほど警告、注意、注の3種の違いを大きく捉《とら》えていないように思われます。またこれに加えて几帳面《きちょうめん》さと勤勉さが同居すると、マニュアルに書かれていることすべてを守ろうとして全力をつくします。何もないときは、非常にきちんとしていてよいのですが、時間が足りなかったり、様々な悪条件が重なってきたときに全部をやろうとすると無理が生じます。その結果として細かなことは完全に守ったけれど、注意配分や時間が足りなくて重要な点が欠落してしまったということが起こります。

日本人を含めてアジアの人の多くは、時間が足りなくなったり、事態が輻輳《ふくそう》してきたときに、細かな部分を切り捨てるという発想を持つことが重要だと思います。

このごろようやく日本の電気製品にも警告、注意、注が説明書に書かれ、その定義もきちんと書かれるようになってきました。この場合もあまりに細かな注にあたる部分をすべて書き並べると、肝心の警告にあたる部分が疎《おろそ》かになる危険性があります。マニュアルを書く立場にいると、ついあれもこれもと全部書きたくなりますが、非常に特殊な状態の注は必要なときだけ読めるようにするとか、量を減らす工夫が必要です。

マニュアルはバイブルである

外国のマニュアルで感心するのは、マニュアルを作る前にまずマニュアルの管理規定を非常にしっかりと作り上げていることです。マニュアルを決定するのはどの委員会で、出席者は誰と誰、最終的に有効となるためには誰と誰のサインをもらわなくてはいけないか、最終決定方式、改訂にあたっての必要な手続き、どれくらいの期間で見直さなくてはいけないのか、議論についての記録は誰が書いてどのように保持するのかなどの管理規定が非常にきちんと決められています。間違っても担当者が一人で勝手に書き直すなどできないような方法になっています。

１９９９年９月、茨城県のＪＣＯで起きた放射能の臨界事故では、最初はきちんとした容器で行う手順となっていたものを、効率が悪いからと、どんどん大きな容器で混ぜるように作業手順書を改訂していました。ウラニウムは一定以上の質量を集めると、臨界に達して核分裂を起こします。これを防ぐために細長い容器で作業することになっていたのを、効率という面からだけ見て改訂してしまっています。マニュアルを一人で書いたり、誰か一人の思いつきで簡単に改訂できるようになっていたりすると非常に危険です。

もう一つマニュアルで大事なのは一義性です。誰が読んでも、一つの意味にしかとれないように書くのが重要です。

以前、外国のマニュアルを訳すときに最初に提示された案は、ある状況で「スラストレバー（車でいうとアクセル）を前まで動かして戻す」というものでした。これではどのスラストレバーを動かすのかがわかりません。1本だけ動かす人もいれば4本すべてを同時に動かす人もいるかもしれないし、内側のエンジン2台と外側のエンジン2台を交互に動かす人がいるかもしれません。またどこまで動かすかもわかりませんし、どれぐらいの速度で動かすのかもわかりません。

たとえ本来の英語のマニュアルに書かれていなくても、飛行機メーカーのマニュアル作成部署に確認して、誰が読んでも間違いなく同じ操作ができるように書かなくてはなりません。

日本語は雨だけでも、五月雨《さみだれ》、雷雨、梅雨、天気雨……と何十種類もの表現があり、俳句をはじめとする文学には最良の言語ですが、ことマニュアルを記述するとどうしても言葉の曖昧《あいまい》性が出てきたり、同じ単語を様々な意味に解釈できたりとなかなか難しい言語です。

一方、英語はマニュアルを記述するには非常に適した言語だといえるでしょう。日本語で「スラストレバーを引く」と書いてあっても、全部のスラストレバーを引くのか、1本のスラストレバーを引くのか、あるいはどのスラストレバーを引くのかが明確ではありません。ところがこれを英語で書くと、

pull **the** thrust lever　**当該**スラストレバーを引く
pull thrust lever**s**　**複数の**スラストレバーを引く
pull **all** thrust lever**s**　**すべての**スラストレバーを引く
pull **a** thrust lever　**ある1本の**スラストレバーを引く

というように、語尾の「s」による単数と複数の違いや「a」「the」というような冠詞の違いでかなり明確に何が言いたいのかが伝わります。

よくありがちなのが、マニュアルを作る人間はあまりにそのことを熟知しているために、これぐらいは常識だろうと無意識のうちに省略したり、正しいやり方以外に受け取られる可能性を考えないことです。とくに日本人が作るマニュアルは書き手が当然だろうと思うことは書かないケースが目立ちます。それが顕著になると開発者にしかわからないマニュアルができてしまいます。

ローマ・カソリック教会が奇跡を認定するときに、悪魔の代理人役という仕事があります。この代理人役にあたった枢機卿《すうききょう》は、ありとあらゆる角度からこの奇跡を否定しようとします。この役の枢機卿が反論できなくなって初めて奇跡と認定されます。これと同じように、マニュアルを書く人はわざと違った意味にとられないかを考える必要があります。

またマニュアルの原案ができたときに実際現場でそのマニュアルを使う人間、それもできればまるっきりの新人とその業務に慣れているベテランに読んでもらい、少しでもわかりにくい部分や、誤解を生じる部分は書き直すべきです。日本でのマニュアル作りでは、意外と、この他人に読んでもらう作業がなされていないことに驚きます。自分でマニュアルを書いておきながら、この部分はこう読み替えてくれとか、そこはそういうつもりではなく、別の意味のつもりだったなどと説明するのは、そのこと自体でマニュアルの書き手としては失格です。

もう一つ、日本のマニュアルと外国のマニュアルで大きく違うのが重要度の強調の方法です。外国の本やマニュアルを参考にして、それが日本の本やマニュアルになったのをよく見ますが、そのときに一番強く感じるのが強調の違いです。確かに同じ意味の文字は並んでいるのですが、文字の大きさや太線といった違いは、考慮されていないマニュアルがほとんどです。外国のよくできたマニュアルでは、重要部分は太字にして活字を変え、さらにものすごく大きなフォントで書かれています。

イラストが入っているマニュアルもよくあります。そのイラストはこういうことをしたらこんな大変なことになってしまいますよというイラストです。

重要な点は、太字にしたからいいのではなく、いくつもの手段を同時に使って強調している、という点です。


マニュアルを維持管理していく上で大事なことは記録です。

何かを決めたり、何かを変えたりしたときは必ず、誰が出席してどういう理由で変えたかの記録をとっておくことが必要です。

航空会社ではマニュアルを改訂する場合には詳細な改訂履歴を残します。さらに過去改訂されたページで廃棄された分も廃棄ページのホルダーに入れてすべて保管しています。

マニュアルを作ったり改訂したりする人は時代とともに変わっていきます。決めた理由もしくは改訂した理由をきちんと残しておくことが重要です。そうすれば将来誰かがその部分を変えたいと思ったときに、変えていいのかいけないのか、変えていいとしてもどんなことを考慮しなければいけないかが明確にわかります。

また、マニュアルはその解釈をめぐって疑義が出た場合に**どのセクションの誰が責任を持って解釈するかを明記しておく**必要があります。こうすることによって、様々な人が自分勝手に解釈して話がずれてしまうことがないようにします。

人間はどうしても自分達でいろいろなことを判断したいという欲求があります。そうすると、このマニュアルの文章はどう解釈すべきかなどという会議を開いて、マニュアルの使い手が自分達で解釈を出したりします。はなはだしい場合には部署ごとにマニュアルを勝手に解釈して、その一つひとつが違うなどということが起こります。

そもそもマニュアルが作られる意味が、全員が同じ解釈をして同じ行動をとれるように作られたものですから、各部署の勝手な解釈などとんでもないことです。解釈に疑義が生じた場合はあくまでもマニュアルを作った部署に質問し、そこが一元的に管理してこそマニュアルの意味があります。

マニュアルは、それが必要な仕事にとってはバイブルであり非常に重要です。

2004年8月、関西電力美浜原子力発電所で冷却水の配管が破裂して高熱の蒸気が噴き出し、近くにいた作業員5人が死亡しました（美浜原発事故）。本来は定期的に点検しなければいけない場所だったのですが、点検マニュアルから抜けていたために、発電所が作られてから一度も点検されていませんでした。

この点検マニュアルのように、重要な箇所が抜けていたことによりたくさんの命が失われたりします。マニュアルを書く人間は自分の書いた一つの文章が数百人、数千人に及ぼす影響を考えて、しっかりと書かなくてはなりません。

マニュアルのジレンマ

マニュアルの話が出てくると必ず2つの流派に分かれます。一つは「マニュアルを作ってマニュアル通りに仕事をするべきである」というマニュアル至上主義派。もう一つは「マニュアルに従っていてはいい仕事ができない」というマニュアル否定派です。あなたの会社はどちらですか？

欧米の文化は紙と書類の文化です。シェークスピアの『ベニスの商人』やＩＳＯ９０００の話を持ち出すまでもなく、紙に書かれていることがまず第一にきます。

アメリカの会社では働く人が次々に替わります。新しい仕事があれば数週間前に会社に通知するだけで円満に退職できます。会社のほうも嫌《いや》がるわけでもなく一度辞めた人を何年かしてまた雇ったりしています。

このような職場ですから、誰が何をしなくてはいけないかの職務規定が明確です。管理職もその地位で誰から報告を受け誰に報告するのか、権限の及ぶ範囲と、しなければいけない業務が明確に決められています。

権限や仕事のやり方、各種の権利と禁止事項など、きちんと文書に残しておかないと、人が替わったら仕事ができなくなってしまいます。そのためにマニュアルは必須です。

物事を実行するにはそのやり方をきちんと教えなくてはいけません。大昔は徒弟制度で師匠の脇《わき》で何年もかかって、物事を学んでいきました。ところが時代の変化の速度が速くなってくると、この方法ではいつになったら学び終わるのかわからないぐらいの時間がかかります。その意味からもマニュアルが必要です。ところがすべてのケースをマニュアルに網羅することはできません。そういうマニュアルを作っても例外だらけになってしまいます。

ここにマニュアルのジレンマがあります。仕事に精通していない人でもきちんと仕事ができるようにするには、マニュアルがなければなりません。ただしマニュアルにすべての場合を書くことは不可能です。マニュアルだけを絶対視してその字句通りに運用すると、阪神・淡路大震災のときにせっかく駆けつけてくれた、スイスの人命救助犬を犬の検疫が済んでいないからと足止めして、何日もたって生存者がいなくなったところに活動を許可するなどということが平気で行われるようになってしまいます。

これらに対する一番よい方法は、平時と有事の分離です。

飛行機のマニュアルは各種の制限について書かれた、制限事項の章、非常事態にとるべき処置を書いた章、緊急事態にとるべき処置を書いた章、通常操作の章と分かれています。このうち制限事項の章は何がなんでも意図的に破《やぶ》ることは許されません。今日は貨物が多いから最大離陸重量を10トン超えて離陸しよう、などということはたとえ誰であれ許されません。

一方、通常操作はその時々で、臨機応変に変える必要があります。着陸のために飛行機の脚を出す位置はマニュアルに一応書いてありますが、これはあくまで標準的な場合の位置です。前のフライトから時間がたっていなくてすぐに着陸する場合、ブレーキもタイヤも非常に熱くなっています。こんなときにいつもと同じ位置で脚を出せば最悪の場合、着陸した後にタイヤがパンクして危険な状態になります。

この通常操作のマニュアルの冒頭には、「ここに書いてある操作はあくまで標準的な場合を書いたもので、操作の順番やタイミングはパイロットが自由に変えてよい」という記述があります。

ユニクロの柳井正社長がその著書『一勝九敗』（新潮社）の中で、「お客様から子どもが急病になったので店の電話を貸してほしい」と言われて、マニュアルに「お客様には電話を貸してはいけない」と決められているからと、それを断った社員のことを嘆いていました。普通の仕事におけるマニュアルは通常時のやり方を記入しておき、緊急時は最善と思う方法で対応してよいというように記述しておくのもよい方法かもしれません。

マニュアルのジレンマの解決方法は、マニュアルから逸脱してよい場合はどういう場合か、あらかじめマニュアルの中に記述しておく方法です。その際、主目的を書いておき、その主目的に沿って考えられるようにガイドラインを示しておくのもよい方法です。

アメリカでは日本の航空法にあたる連邦航空規則（FAR、Federal Aviation Regulations）の中にさえ緊急時に必要な場合は、安全のためにこの条文から逸脱してよいという旨の文章が書いてあります。

パイロットは情報処理業

パイロットの仕事というと誰もが飛行機を操縦することと答えるでしょう。

飛行機が飛び始めたばかりのライト兄弟のころは、操縦の技量そのものがパイロットに必要とされるものでした。

ところが、今日では操縦そのものの比重は相対的にどんどん下がっています。技量そのものは昔よりも高度なことが要求されているのですが、他に必要なことがどんどん増えてきています。パイロットは情報処理業ではないかと思うぐらい大量の情報を処理しなければなりません。

全世界の飛行機の数はものすごい勢いで増えています。一昔前はハブ・アンド・スポークといって、大都市間を大型機で結び、そこで小型機に乗り換えて近くの中小の都市にフライトするといった方法が世界の航空界の主流だったのですが、現在は中型や小型の飛行機を使って中小の都市と都市を直接結ぶ便が増えてきています。増大する交通量に対応するために、世界の航空界は様々な方法を使ってより多くの飛行機が飛べるようにしています。

最近の大きな動きだけでも、他の航空機との高度の差を半分にして、かつ航空路の横方向の間隔を狭くして、飛べる航空機の数を増やせるようにしています。

さらに大陸間を飛ぶ飛行機の通信量が限界に近づいたために、デジタルデータで管制と飛行機の間で様々な情報をやりとりしています。

この他にも飛行機の安全性を増すために、他の航空機と衝突の危険があるときによける方向を指示する装置や、地面に近づくと警報を発する装置もほとんどの機体に導入されています。これらの方式や機器が矢継ぎ早に導入され、さらに使い方や内部のプログラムなどはどんどん改訂されていきます。

この一つひとつについて機器の取り扱いから、通常の方法さらには何かが故障した場合の方法にいたるまで、パイロットは膨大な規則書や機器の説明書を覚えなくてはなりません。

そこで、たくさんの情報をすばやく処理するにはコツがあります。

一つは**不要な情報はさっさと捨てる**ことです。

また、**情報はもらったその場で一度で理解する**ことも重要です。斜め読みして完全に理解していなければ、結局は役に立ちません。後でまた探さなくてはいけなかったり、もう一度見直すと二度手間になってしまいます。

第5章　チームワークには「自由」という空気を

ボス型リーダーは流行らない

時代とともに機長に要求される資質も変わってきました。大昔の機長に求められたのは飛行技術がほとんどで、後は経験とカンでことが済んでいました。空の上には細かい規則などなく、飛んでいる飛行機の数自体が非常に少なかった時代でした。また地上の航法援助施設なども発達しておらず、上空で決められた進路を保持して、流された距離と時間の差から風を予想して次の進路を出すというような飛び方でした。このような時代には海面の波頭《はとう》を見ただけで風の強さと向きがわかるというような職人芸が重要視されました。

一方、現代の航空機は数字と膨大な量の規則書に従って飛んでいます。複雑なシステムに対する知識と、規則書やマニュアルにのっとった飛行をすることが決められています。

戦前から飛んできた機長は「俺《おれ》の言うことが正しい」「俺がマニュアルだ」といった人が多かったようです。いつ敵に撃墜されるかわからないような世界で生き残ってきたのですから、それなりの考え方や飛び方があったのだと思います。敵に撃たれているときに、「どっちによけようか」などと相談しているヒマはありません。いきおい自分の考えと判断のみで飛ぶというスタイルが定着したようです。

その結果、戦後、世界中のいろいろな場所でたくさんの事故が起きました。副操縦士にアドバイスを求めない、副操縦士が何か言っても無視して飛ぶのでは、もし機長が何らかの思い違いやミスをしたらそれでおしまいです。

機長と副操縦士の間で、どちらがどれだけ権威が強いかという権威の差を、権威勾《けんいこう》配《ばい》といいます。この権威勾配が強すぎて機長の言うことだけが通る状態では、機長が間違ったらすぐ事故に繋《つな》がる危険性があります。現在、世界中のどの航空会社でも強すぎる権威勾配を排除する訓練を行っています。一方、権威勾配が全くなくなり、機長と副操縦士の権威が同じになってしまうと、意思決定が正しく行われなかったり、機

2人の考えが違ったときに問題となります。

常に結果を出すためには、コックピット内での適度な権威勾配が求められています。つまりコックピットの中で少しでもおかしいとか変だと思うことがあったら、副操縦士がそれを口に出して言うことができ、かつ様々な意見具申を行える雰囲気を作りつつ、最終的な意思決定は機長が行うというやり方です。

機長は副操縦士がものを言いやすい雰囲気を作らなければなりません。現在ではそうすることは機長の重要な仕事の一つと見なされています。また、これが上手くできないリーダーは、リーダーの資格がないともいえるでしょう。

コックピットに限らずどの職場でも、上司が部下の言うことに耳を貸さないような職場からは人はどんどん離れていきますし、逆に的確な指示ができない上司は存在価値がありません。現代に求められるリーダー像は、**適度な権威勾配を作り出せるのと同時に、いろいろな意見やアドバイスを出しやすい雰囲気を作れる**人ではないでしょうか。

ＣＲＭ訓練

前にも書きましたが、昔の機長、とくにアメリカの航空会社の機長は、「私が神であり、すべては私が決定する」といったタイプの機長がたくさんいて、副操縦士のアドバイスを聞かずに事故になった例が続きました。そのため、これら行きすぎた権威勾配の弊害を取り除くための訓練が、アメリカのユナイテッド航空でＣＲＭ（Crew Resource Management）訓練として開発されました。

このＣＲＭ訓練は、操縦席中のクルー全員の能力を最大に引き出して、クルートータルとしてのパフォーマンスを最大にすることを目的として作られています。

最終決定は機長が行うものの、最終決定にいたるまでは操縦席にいるクルー全員のパフォーマンスを最大限に引き出して、正しく意思決定を行うことを目的にクルーに対して訓練が行われます。

この訓練の結果、それまでの独善的な機長が減り、事故の削減に非常に役立ちました。現在では世界中のほとんどの会社でこのCRM訓練が行われています。

最初のCRM訓練では、まず各クルーに対して自分が何らかのことに気づいたらそれを口に出し、他のクルーの注意を喚起することから始められました。機長は注意喚起されたならば相手が何を言おうとしているのか、確実に理解しなければなりません。その後で、自分がなそうとする決定に関して、他の乗員が知っていることをすべて聞き出します。すべての意見を聞いてから意思決定をするために、間違いや見落としが少なくなります。

コックピットにおけるCRM訓練が非常に上手くいったために、その後、対象をパイロットだけではなく客室乗務員にも広げ、クルー全体としてのパフォーマンスを上げるための訓練へと変化していきました。さらには飛行機に搭乗している者だけではなくディスパッチャーに対する訓練、整備士に対する訓練というように、対象がどんどん拡大していきました。最近では拡散しすぎて肝心のパイロットに対する訓練としての意義が薄くなってきたという反省から、再びコックピットの中へと焦点が移ってきています。

このＣＲＭ訓練ですが、現在はスレットの発見と、これへの対処に主眼が置かれた訓練がなされています。

スレットとは「様々な脅威」のことで、スレットがあるから直接エラーが起こるのではないのですが、スレットがあることによってエラーが起きやすくなるような脅威のことをいいます。

つまり直接の原因ではなく遠因《えんいん》にあたる要素がスレットです。

たとえば、離陸の制限時間があって急いでいるときや、飛行機が遅れていて遅れを取り戻そうと急いでいる状態では時間のスレットがあります。あせっていたり、時間に追われていると、ついチェックが疎《おろそ》かになったり、いつもは時間をかけて十分チェックしているところを短時間でちらっと見るだけになったりします。このようなときにはエラーを起こしやすくなっています。

また、上司や先輩の圧力、管制からの指示などにもスレットになるものがいくつもあります。長時間の連続勤務や徹夜の仕事などもスレットになります。

最近では、なるべくスレットが発生しないようにするという動きが活発です。これによりスレットから誘発されるエラーを減らそうという試みです。

スレットへの対処で大事なことは、自分が今あるスレットに〝さらされている〟と自覚することです。時間がなくて何時までに出発しなければならないというようなときには、自分自身の中にあせりが生まれています。こんなときは、確認がいいかげんになったり手順を飛ばしがちになるので、「自分には今タイム・ストレスがかかっている、だからより確実、慎重にやらなければいけない」と思えれば、それだけで時間によるスレットの脅威を減少させられます。

ただしスレット・マネジメントだけですべてが解決するわけではありません。何のスレットもないところでもエラーは発生します。あくまで今までのエラー・マネジメントを行ってエラーの発生を防止しつつ、さらに安全性を高めるためにスレット・マネジメントも行うというのが、正しいやり方です。

このようにパイロットに対する訓練は、当初の技量中心のパイロットに対する訓練から、個々のパイロットが十分な技量と知識を持っていることは当然として、コックピット内にいるパイロット全体、飛行機に乗っている乗員全体としてのパフォーマンスを最大限に上げるための訓練に力が注がれるようになってきています。

CRM訓練を行う上で非常に大事なのがそのグループの一番上に立つ者の意識です。コックピットの中では機長のCRM訓練に対する意識の高さが重要です。CRM訓練を有効に機能させるにはお互いの人間関係を上手に構築して、機長以外の人間がものを言いやすい雰囲気を作り出さなくてはなりません。いくら口では「気づいたら何でも言ってくれ」と言われても、実際にアドバイスをしたときに機長が嫌《いや》そうな顔をしたら、二度とアドバイスはもらえなくなるかもしれません。良好な関係を作るのはそのチームの責任者の役目です。

現在のように技術が専門化して、かつ技術革新のペースが速い時代にあっては、必ずしも社内の地位が高い者のほうが知識が多いわけではありません。リーダーの大事な資質は、いかにしてチーム全員の知識を融合させ、チームとしての最大級のパフォーマンスを上げるかにあります。

部下の心をつかむ技術

部下と上司の関係は、渡り鳥にたとえられるかもしれません。渡り鳥は体力と経験にすぐれたリーダーが先頭を飛びます。他の鳥はリーダーの後にV字形に飛べば前の鳥が作った空気の流れを利用して楽に飛べます。通常はリーダーが先頭ですが、リーダーが疲れてくると他の鳥が代わって先頭を飛びます。こうやってお互いを助け合い、1羽だけでは飛べない距離を群れ全体で飛んで行きます。

コックピットのクルーはフライトごとに違います。

パイロットはどの飛行場でも飛べるわけではありません。機長、副操縦士ともに教育や審査によって自分が飛べる飛行場が決まっています。また各種の身体検査やチェックの都合で、機長は機長、副操縦士は副操縦士というように別々に月間のスケジュールが作られます。このため、今回のフライトで一緒に飛ぶクルーは、前回のフライトで飛んだ人と違うケースがほとんどです。

そこで機長には、部下の心をつかむ技術が要求されます。いかに短時間で相手の心をつかんで、一緒にチームとして上手く行動できるようになるかが、チームリーダーの腕の見せどころです。

話は少々飛ぶのですが、私の弟は学生時代、テニススクールでコーチのアルバイトをしていました。当時はテニスブームで、たくさんの女性がテニススクールに通っていました。彼の所属していたテニススクールでは、生徒は毎回コーチを自由に選ぶことができました。またコーチに支払われるアルバイト代は、生徒の数に比例していました。自分がいくらテニスが上手くても、生徒に人気がなければ人は離れていき、従ってアルバイト代もどんどん少なくなっていきました。逆に人気のあるコーチはものすごく稼ぐことができるシステムです。

このテニスコーチをしているときに、弟が面白い話を教えてくれました。女性のコーチをするときには、1日にたとえ一言でもいいからテニスと関係ない話をしないと、女性は「あのコーチは私に冷たい」と言って離れていってしまうそうです。

どれだけテニスの技術の話をしても、それはお金を払っていることに対する当然の業務ととらえていて、日常会話とは別だと思っているそうです。

そこでたった一言でも「髪型変えましたね」「その服似合ってますよ」と、テニスの技術と関係ない話をすると、満足してくれたそうです。彼のクラスはいつも大人気だったようです。

私はこの方法を副操縦士の心をつかむために応用しています。ディスパッチセンターで仕事のブリーフィングを終えて、飛行機に向かうまでの通路を歩いている時間は、部下の心をつかむのには最高の時間です。

なるべく**YES・NOで答えられない質問をして相手に話してもらう**ように心がけています。その中から共通点を見つけたり、相手が興味を持っている話題について話ができれば最高です。

お互い、初対面の人には警戒心を持っているはずです。少しでも早くその警戒心を解いてもらい、この人には安心していろいろなことを話せそうだと思ってもらえたら大成功です。

機長はコーチである

パイロットの仕事の単位は飛ぶ方向によって違うのですが、国内線の場合ほとんどが1泊2日か2泊3日のフライトです。通常1日に3便ずつ飛びます。短いところを飛ぶ会社では1日に4便以上のフライトを飛ぶ会社もあるようです。一方、長いフライトの場合、たとえばヨーロッパまでの直航便の場合2泊4日の仕事になります。この仕事の間だけ同じ副操縦士と飛びますが、次のフライトのときは別の副操縦士と飛びます。同じ副操縦士とは多くても数ヵ月に1回しか飛びません。

パイロットはフライトが終わったからといって、そのまますぐに家に帰るわけではありません。ディスパッチャーに気象状態やその他の重要事項を報告します。その後でクルー同士でブリーフィング（仕事後の反省会）を行います。そのときに何を教えるかが問題です。先ほども述べたように、飛ぶ相手が毎回違うので、通常の仕事と違って継続的に見て教えていくことができません。私の場合、単なる技量の一部や操縦の方法の話ではなく、パイロットとしての成長にもっとも本質的な部分を一つだけ言うことにしています。副操縦士はどうしても着陸のときに静かについたかといった技術的な部分に目がいきます。細かな技術的な話や離着陸の方法は、機長になる前の訓練で数百回も行いますのですぐに上手くなります。それよりも若い副操縦士の段階で勉強してほしいのは、ものの考え方やフライトの組み立て方の本質的な部分です。

あれもこれもと細かい技術的な話をすると、どうしても焦点がぼけてしまって大事なことが身に付きません。相手のレベルに合わせて、その日のフライトで安全は当然のこととして、

「お客様は何にもっとも価値を見いだしていて、その価値を満足させるためにどうしなければいけなかったのか」

「自分の飛行機1機だけでなく、前後の飛行機の位置と管制官の意図を考えて操縦していたのか」

といった、本質に近い話の中で、**相手にとってこれから将来何が一番大切なのかを考えてアドバイスをする**ようにしています。

その場合でもまず、一番よかった点を一つあげ、それをよかったと評価した上でアドバイスをしています。まず、心を開いてもらわなければ、いくらよいことを言っても相手の中に入っていきません。

その後で、相手からの質問にはできる限り丁寧《ていねい》に答えるようにしています。さらに大事なのが、答えがよくわからない質問に対しては決して苦し紛《まぎ》れなことを言わないことです。相手からの質問で**わからないときには、はっきりとわからないと言う**ことにしています。ここで苦し紛れの答えをしても、相手にはそのことがしっかり伝わってしまいます。そういった人間の発言は信用されなくなります。

細かなことをいくら一つずつ教えても、状況はどんどん変わりますし、飛行機も飛ぶ方式も管制官の使う用語ですら、どんどん変わります。それよりも、考え方や本質について教えておけば、将来どんな状況に陥っても自分で考えることができるようになります。

第一声は、ありがとう

かつては機長が師匠で副操縦士が弟子という世界でしたが、現在の飛行機は、昔と違ってプロの機長とプロの副操縦士が共同で飛ばす精密機器です。

フライトしているときに、副操縦士が「これはこうではないですか」「こうしたほうがよくないですか」とアドバイスや意見具申をしてくれるときがあります。

かなりの部分が、機長は理由があってやっていて、副操縦士にはその理由が見えていないことなのですが、どんなときでも、たとえ副操縦士が間違えているときでさえ、**第一声は「ありがとう」であるべき**だと思っています。

副操縦士が機長のやっていることに対して、何かを言うのは、やはりそれなりに言い出しにくいことなのです。とにかくアドバイスしてくれたことに対する御礼です。これを「うるさい」とか「理由があってやっているんだ」と怒ると、副操縦士は次のアドバイスがしにくくなります。千に一つ、万に一つかもしれませんが、副操縦士のアドバイスのおかげで全員が助かったということも起こり得ます。

理由があってちょっと変わったことをするときには、なるべく事前に理由を説明しています。それでもたまに理由を説明し忘れているときがあります。自分が理由があってやっていることをアドバイスしてもらったときは、まず「ありがとう」と言った後で、時間があればその場で理由を説明します。どうしても説明が長くなりそうで時間がないときには、「ありがとう。これは理由があってこうやっているんだけど、今は説明する時間がないから、地上に降りてから説明するね」と答えています。

何か言ってくれたら、それが正しくても間違っていても、言ってくれた勇気に対して「ありがとう」が第一声であるべきです。

コックピットの中では毎回離陸前、自分はどこでどう飛ぶつもりなのか、そのときに相手にどう動いてほしいのかを説明するのですが、ほとんどの機長が「何か気づいたら何でもいいから言ってください」と言っています。これだけでも言いやすい雰囲気が生まれます。

現代のように複雑で、技術の進歩が速い世界では、ある特殊なことに限ってみれば、副操縦士のほうが機長よりもよく知っているということも起こるのです。また機長も神様ではありませんので、万に一つの見落としや考え違いがあるかもしれません。大事なのは誰が言ったとか、メンツなどではなく、飛行機が安全にフライトすることです。部下や周りの人がいろいろとアドバイスや進言しやすい雰囲気を作るのは機長の責任です。

自分の行動を口に出す

パイロットは毎回、コックピットの中で出発する前にテイクオフ・ブリーフィングを行います。このブリーフィングは機長と副操縦士が一緒に行います。まず、どういう経路を走って滑走路の端まで行くのか、離陸に使うエンジンの出力（注・エンジン出力にはいくつかの出力があり、毎回その中から選びます）とフラップは、どのフラップ・セッティングを使うのか、離陸後の飛行経路と高度の制限、非常時にとってほしい措置はどういう措置かなどについて、あらかじめ話し合って共通の理解を持つようにします。

降下を開始する前も同じようにランディング・ブリーフィングを行います。

飛ぶことや管制官とのやりとりが忙しくなると、細かいことを言っている時間がありませんし、また質問する時間もありません。そこで忙しくなる前にこれからのフライトについて共通の理解を持つようにします。

この他にも、地上走行中に曲がるべき角が近づいてきた時点で、「2本目のタクシーウェイを左に曲がります」「次のストップバーで停止します」というように**自分がとろうとする行動をなるべく口に出して言う**ように努めています。こうやって口に出せば、万が一副操縦士が思っている経路と違った場合にも、停止して管制官に確認することもできますし、地上の経路図を見ることもできます。成田の誘導路などは、よく外国から来たパイロットが間違わないなと思うぐらいごちゃごちゃで、考えられないような曲がり方をしています。これで霧でも出ているときはいくら注意してもしすぎることはありません。

人間は神様ではないので、間違う可能性があります。そのときにチーム全体として誰かが気づいて間違わなければいいのですし、そのためにこそ2人のパイロットが操縦席に乗っています。あらかじめ自分の行動を口にすることでチームとして安全性が増します。

もう一つ心がけているのは、自分がちらっとでも疑問に思ったときの相手への聞き方です。「ここを曲がるんだよね」と断定的に聞くと、相手も迷っているときについ「そうです」と言ってしまうことがあります。YES・NOで答える質問のときに、下位の者はNOとはなかなか言いにくいものです。こんなときは「曲がるのはどこだっけ」というように、YES・NOでは答えられない聞き方をするように心がけています。

この他、上空でも、そろそろ次の高度に上がるべきときに、今の行動のまま上がらない場合には、「このチャートからの判断と、周りの飛行機の報告を聞いていると、上空のほうが揺れると思う。また上空のほうが向かい風が強いので、時間と燃料は変わらないからこの高度を維持して飛びます」というように、自分の判断と制約条件、判断の理由を述べて説明するようにしています。こうすることで、機長はどんなことを考えなくてはいけないのか、何を判断の根拠にしているのか、途中でどんな情報を集めているのかの勉強になるはずです。もし副操縦士が別の要素を重要視していたり、違う意見がある場合にはその疑問を機長に聞くことができます。そこからディスカッションが始まれば、新たな考えを学ぶ機会になります。

フライトには目的と達成すべき条件、様々な制約条件があります。これを説明しないで、ただこの仕事をしなさいだけでは、相手は何のためかもわかりませんし、知恵を出そうにも出すことができません。また、いつまでたっても自分から考えていろいろなことができるようにはなりません。

まず、目的を明確にして、その中で達成すべき条件と、制約条件を説明し、それから仕事を頼めば、自分がなぜそうしなければいけないのかがよくわかりますし、また迷ったときの指針ができます。こうすることで相手も多くを学べますし、仕事の質も上がるはずです。

情報は発信者に確かめる

1日に何回も離着陸を繰り返し、それも同じ路線で3日目などということになると、人間の記憶は曖昧《あいまい》になってきます。着陸の許可をもらったのがさっきのフライトだったのか、今のフライトだったのかの区別がだんだんつかなくなってきます。とくに危ないのが同じ路線ばかり何回も往復したときで、周りの景色もいろいろな状況も前回とそっくりなどということになると、人間の記憶は混乱しやすくなります。こういうときに一番いけないのは、「着陸許可をもらったよね」などと、自分達の仲間内で確認することです。仲間内で確認して「もらいました」などと答えると、質問したほうも質問されたほうも安心してしまいます。

情報の鉄則は、**わからなくなったら最初にその情報を発信した人に必ず確かめる**という点です。どちらか一人でも疑問に思ったような場合、いくら自分は絶対に着陸許可をもらったという自信があっても、必ず管制官にもう一度確認すべきです。これと同じようにチェックリストも誰かがやったかどうか疑問に思ったらもう一度やるべきです。

管制官に確認するのもチェックリストをもう一度やるのも大した手間ではありません。この手間を惜しむと、どこかで手痛いしっぺ返しを喰《く》う危険性があります。

仕事師としてのチーム

現代の副操縦士は機長の見習いではありません。新しい航空機では職務分担がきちんとしています。ＦＭＳ（Flight Management System）というコンピュータへの入力は副操縦士の仕事です。客室ではチーフが旅客に対する仕事師です。一流のプロ達が連係できて初めて、安全で快適なフライトができます。

クルーを一流の仕事師として扱うのは当然ですが、それは権威勾配をゼロにすることではありません。

人間ですのでどうしても、仲よくなるとそれに甘える意識が出てきます。大先輩の中にはそういう関係を嫌って、地上に降りたら一切食事も一緒に行かず、一緒に行動することすらしないという方もいらっしゃいました。仲がよすぎて仲よしクラブになってしまうと、あいつがやっているんだから大丈夫だというような変な信頼関係からモニターが疎かになったり、ここで言うと嫌われそうだから、言うべきことを言わないというようなことが起こらないとも限りません。また、変な甘えが出てくる危険性があります。

以前、私の子どもが習っていたバイオリン教室の先生は自分の子どもにバイオリンを教えるのに、わざわざ月謝を払って他の先生に頼んでいました。理由を聞くと、「親子だとどうしても子どもに甘えが出てくる。そうするときちんと練習する習慣や、礼儀作法の基本が身に付かない。ある程度わかってきたら親が教えてもいいけれど、初期教育は他人に頼んだほうが子どもの将来のためだ」とおっしゃっていました。

きちんと仕事を行うためには、**業務は業務、日常生活は日常生活というはっきりとした分離が必要**です。機長と副操縦士が非常に仲がよい場合は、2人とも同じ落とし穴に落ちる危険性があるから注意するように言われています。私の場合、フライトという業務に関する部分では、意見を言ってもらう体制は作り、いつでもアドバイスできる雰囲気を作り出しますが、最終決定はあくまで自分の判断で決めています。意識的にある程度の権威勾配を持つようにしています。その代わり、バランスをとる意味からも、いったん飛行機を降りてしまえば、なるべく相手を拘束しないように、一緒に食事をするときでも食べたいものや店などは相手がやりたいと思っていることに合わせるようにしています。

機長としての職務上の接し方と、日常の接し方はあくまで分けるべきです。ボス型リーダーで何でも自分のやり方でないと気が済まない機長もリーダー失格ですが、正しい指示も出せず、ただ好きなようにやってくださいというだけの機長もリーダー失格です。相手の性格と状況から、その場にもっとも合った指示を出せるリーダーが必要です。そのためには職場ではある程度の権威勾配は確保しておかなくてはなりません。その代わりその埋め合わせもあって、日常では対等に付き合うべきだと思っています。

心の中で合理化をしない

事故には、新潟県中越地震が起きたときの新幹線の脱線のように、まるで予期できないものと、いろいろな警告や警報があるにもかかわらず事故になってしまうものがあります。

後者の典型的な例として、タイタニック号の事故があげられます。タイタニック号の場合、その年は氷山が異常に南下しているという報告とともにあちこちの船から氷山の情報が無線で発信されていました。無線は受信されて船長のところに届けられたのですが、船主は大西洋横断の記録を塗り替えて処女航海の華としてマスコミに取り上げられたいという気持ちから、船長に最高速度を命じます。また、船長もこの航海を最後に引退する予定で記録を作りたいという気持ちがちょっとはあったのかもしれません。様々な氷山の情報にもかかわらず、過去この緯度まで氷山は南下したことがないとか、見張りを増やせばよいというようにいろいろな理由をつけて、航路を変えたり速度を落としたりする措置はとりませんでした。その結果、氷山に衝突して沈没してしまいました。

自分にとって都合の悪い情報があった場合に都合のよい情報を集めたり、心の中で合理化を行って自己正当化をはかり、無理やり一つの方向に持っていこうとすることを病気の症状にたとえてタイタニック症候群といいます。常に結果を出すためには、間違ってもこのような状態に陥ってはなりません。

自分の心の中で合理化をして事態を軽く見るような動きには、断固戦わなくてはいけません。事実は事実として受け止める必要があります。

そこで思い出されるのが、医者の友人が、子どもができたときに教えてくれた言葉です。彼いわく、「子どものことだからよく熱を出したり、おなかをいたがったり、吐いたりと、いろいろなことがある。症状が一つのときはそんなに心配しなくてもいいかもしれない。でも、熱が出て吐いたといったように症状が2つ以上重なったら、救急車を呼んでもいいからすぐに病院に行け。ひょっとすると危ない病気の可能性がある」と。

それ以来、この方針はいろいろな場面で利用しています。装置、天気、その他どの分野でもよいのですが、2つ以上のシグナルが同じ分野に点灯したときは最大限の注意を払い、最悪のシナリオを想定して、それでも安全なようにいろいろな手当てをしています。

2つ以上のおかしな兆候が何らかの分野に見えたときは、あらゆる可能性を考えて、一つひとつ原因を確認してつぶしていきます。また、途中で何回か立ち止まって全員で今わかっている事実はこれとこれ、今まで確認したのはこれとこれ、その後確認すべきこと、最悪のシナリオとそれが起きたらどうするかについて何回も知恵を出し合います。

エンジンのオイルプレッシャーが正常範囲の中ではあるけれど高めである。

そのエンジンの発電機の周波数が若干変動する。

一つひとつの事象はそれほど大事な事象ではないかもしれませんが、関連する情報が同じところに重なったときは何か重大な事態の前兆かもしれません。もし、いくつかの情報が同じところに重なった場合には、自分の心の中でそれを説明できる合理化を行うことなく、**何か悪いことの前兆として、最悪の事態を想定して、対処方法を考えるべきです。**最悪の事態を想定して対策が空振りに終わっても、損害は大したことはありません。逆に見過ごして何も対策をとらなかったときに、最悪の事態が起きた場合の被害はものすごく大きくなります。

チームでカバーする技術

パリから東京に向かう便で、出発前に一部の装置に故障が見つかりました。出発前に故障が見つかったときには安全のためにＭＥＬ（Minimum Equipment List）という書類に従って出発の可否が決められます。このＭＥＬを満たしていなければ、条件を満たすまでは飛行機は出発することが許されません。また、機長がそのときの様々な条件を加味した上で必要と判断したら、このＭＥＬでは出発可となっていても、さらなる整備をして飛行機を直してからでなければ飛ばないこともあります。

このとき故障したのはＭＥＬから直す必要のある装置でした。整備士によると修理には1時間半から2時間かかるとの話です。飛行機は安全が第一ですので、きちんと修理してから飛ぶことになります。そのときのパリ便の出発は現地の時間で夜の8時過ぎです。2時間遅れて10時の出発となれば、上空に行って機内サービスを始められるのは、10時半から11時過ぎ。食事の開始時間は12時を過ぎてしまうかもしれません。

そのとき、チーフパーサーが、「地上で食事をお出ししようと思うのですが……」という話を持ってきてくれました。どのみち修理が終わるまでは時間がかかりますし、地上で止まっているときならば、揺れでサービスが中断することもありません。「そうしてください」とお願いすると、客室乗務員は急いでサービスを始めました。おしぼりのサービスから始まって、シャンパンのサービス、食前酒のサービスの後、メインの食事です。夜もかなり遅い時間でしたから、皆さんどんどんお召し上がりになられたそうです。

サービスを終えたぐらいに故障の修理も終わりました。

上空に上がったころには、ほとんどのお客様がお休みになっていたそうです。

確かにパリの現地時間ではもう夜遅くですし、おなかが一杯で、飲み物も足りている、人によってはアルコールも召し上がっているという状態ならば、後はゆっくり眠るだけです。

通常は12時間のフライトのうち、最初の3時間ぐらいと、到着前の2時間ぐらいはいろいろな機内サービスで眠れないのですが、このときは眠っていられる時間が大幅に増えました。お客様はゆっくりとお休みになられて、遅れたことに対する不満の声はほとんどなかったそうです。

チーフパーサーの仕事があまりに見事な手際だったので、「あの方法はマニュアルに書いてあるんですか」と尋《たず》ねると「マニュアルには書いてありません。自分達で考えた方法です」と答えが返ってきました。確かに人間おなかがすいていると、ついいらいらしがちです。ゆったりと飲み物を飲んで食事もしておなかも一杯になれば優雅に過ごすことができます。故障の遅れ自体は取り戻せませんでしたが、チーフパーサーの機転と、客室乗務員の頑張りで、お客様の快適性の確保という意味からは、少し失地回復ができました。

どんな世界でも自分一人ですべてのことを行うことはできません。**優秀な仲間がいて互いに協力してカバーし合うからこそよい仕事ができる**のだと思います。

ハドソン川の奇跡

２００９年１月15日、ニューヨークのラガーディア空港を飛び立ったＵＳエアウェイズの旅客機１５４９便が、両方のエンジンに鳥を吸い込みました。飛行機に鳥が衝突することをバードストライクといいます。通常は鳥が衝突してもほとんど何も起こらないのですが、今回の場合は、エンジンの中心部に吸い込まれた鳥がエンジンの内部を壊し、その結果、両方のエンジンとも推力をなくしてしまいました。

チェスリー・サレンバーガー機長は、両方のエンジンが故障したことを知ると、直ちにハドソン川に降りることを決意して実行しました。それによって乗客・乗員１５５名全員の命が助かりました。

この事故では、機長の決断と行動が大勢の人の命を救いました。どれ一つを間違えても、大事故になった可能性があります。

プロの目から見ても、本当に素晴らしい判断だったと思います。サレンバーガー機長は、プロが絶賛する「プロ中のプロ」といえるでしょう。

まず何が一番素晴らしかったのかというと、離陸した元の空港に戻ろうとしなかったことです。

機体も乗客も両方無事に着陸させたいというのは、パイロットにとって本能のようなものです。川に降りると決断した時点で、機体の無事は切り捨てなければなりません。

もし、このときに機長が離陸した空港に戻ろうとしていたら、途中で墜落して、乗客・乗員の命が助からなかったのみならず、燃料をたくさん積んだジェット機が地上に激突して、地上にいるたくさんの人も犠牲になったに違いありません。

また、機長は着水場所にイーストリバーでなくハドソン川を選びました。ニューヨークのマンハッタン島は東にイーストリバー、西にハドソン川が流れています。イーストリバーにはたくさんの橋がかかっており、もしイーストリバーを選んでいたら、橋に激突した可能性があります。

さらに操縦方法の問題もあります。機長は、グライダーのライセンスも持っていました。ジェット機とグライダーでは根本的に飛ばし方が違います。通常ジェット機はエンジンのパワーを上げ下げすることで、速度を変えます。ところがグライダーや今回の1549便ではエンジンが使えません。

このような場合、通常は飛行機が飛ぶ角度を変えるために使う操縦桿《そうじゅうかん》を押したり引いたりして、速度を変化させます。

着水時の速度も問題です。速すぎれば機体が衝撃で折れ、水がすぐに入ってきて、大勢の人がおぼれ死ぬ危険性があります。かといって遅くしすぎると、途中で失速して浮かぶことができなくなり、石のように水面に墜落することになります。

ぎりぎりの速度を守り、かつ機体の後ろのほうから、機体が壊れないように着水しています。

これだけの判断をしながら、機長は飛行機を止める場所までも選んでいました。このようなケースの際は、船が近くにたくさんいる場所に止めることが素早く救助してもらう鉄則です。今回はまさにフェリーがたくさんいるフェリー乗り場のそばに着水させています。

着水してからは客室乗務員や副操縦士も決められたことをきちんとこなして、全員を救助しています。

機長は全員の脱出を確認してから機内を二度見て回り、一番最後に自分が脱出しました。

それから後も、決して自分の行動をおごり誇ることなく、訓練の結果と言い、他の乗員を賞賛しています。

これらからどんなことが言えるのでしょうか。一番重要なのは**よく準備した者だけが生き残る**ということです。グライダーの操縦を練習し、心理学の勉強をし、NTSB（National Transportation Safety Board、国家運輸安全委員会）のセミナーに参加し、日ごろから様々な状況を考えて、頭の中でシミュレーションしていたからこそできた技ではないかと思います。

もう一つ重要なのは、**切り捨てるという決断も必要**ということです。もし飛行機も、乗客も両方救いたいと思えば、結果的にすべてを失っていたはずです。

ビジネスでも重大な局面では、何かを切り捨てないといけない場面が必ず出てきます。緊急事態には何を切り捨て、何に集中すべきなのかが明暗を分けます。

後の式典で、乗客の家族が「私を未亡人にしないでくれてありがとう」「僕のパパを無事に連れて帰ってきてくれてありがとう」と言った言葉こそが、最高の勲章だと思います。

コラム パイロットの仕事道具

制服　その①

パイロットをイメージしたときに皆さんがまず思い出すのは、空港などで制服を着て颯爽《さつそう》と歩く姿などではないでしょうか？　制服を着る職業は様々ですが、個性を重要視するようになった昨今、制服を廃止する企業も増えています。しかし、パイロットや客室乗務員の制服が廃止されたという話はほとんど聞きません。これは一体なぜなのでしょうか？

パイロットや客室乗務員は、別に格好がいいからという理由で制服を着ているわけではありません。むしろ操縦するときは邪魔なので、普段は上着を脱いで、半袖のワイシャツ型の制服で飛んでいます。それでもなぜ着用しているのかというと、ある重要な理由があります。それは、緊急時の指示をスムーズに行うためです。

人は、緊急時には無意識に、制服を着ている人間の指示を聞きやすくなるそうです。だからこそ、警察、消防、ガードマンなどは皆、制服を着ています。

これがパイロットや客室乗務員がもし制服を着ていなければ、いくら正しい指示を出しても聞かない人が出てきます。第一、パイロットも普通の服だと、緊急事態のときに乗客と見分けがつきません。声の大きい人や体の大きい人の言うことを聞いて、その人が間違っていれば大変なことになります。

パイロットや客室乗務員は、様々な緊急時の訓練を受けています。緊急時には訓練を受けた専門家の言うことに従ったほうが、助かる確率が増加します。制服を着ているということは、誰の指示がもっとも正しいか、誰に従わなければいけないのかを全員に形として見せるという意味があります。

1993年8月6日、集中豪雨により鹿児島の竜ヶ水《りゅうがみず》駅で列車が土砂崩れで海に流されたことがありました。このときにほとんどの乗客を避難させたのは、列車の運転士と車掌、警察官２人でした。

ここでも制服や制帽は、緊急時の指示を徹底させるのに効果があったのかもしれませんね。

第6章　技術を伝承するために

先輩の恩は後輩に返す

成田は昨夜の雨が上がって、早朝からまるでコンデンスミルクを流したような霧でした。朝6時の空港のオープンとともに上空で待機していた長距離国際線の飛行機が次々と着陸していきます。

このとき私は副操縦士で、この便の着陸は私がやらせてもらうことになっていました。成田は霧が出ているけれど、副操縦士に定められた最低気象条件は満たしています。ただ通常の霧と違って厚さはあまりなく、地面近くで霧に入り、そこからかなり視界が悪くなるような霧でした。着陸方式はＩＬＳという地上に設置された機器から出される電波で空中に上下左右の道を示し、その電波を飛行機の中の計器上に表示して、それに従って降りていく方式です。副操縦士の基準で地表から90ｍの高さまでは計器の指示だけで降りていくことができます。

「クリアー・ツー・ランド（着陸してよい）」管制塔からの着陸許可も下りました。

「ランディング・チェックリスト」

「ランディング・ギア」「ダウン・イン・グリーン」

「スピード・ブレーキ」「アーム」

「ランディング・フラップ」「30・30・グリーンライト」

「ランディング・チェックリスト・コンプリート」

　着陸前にすべての機器が正常にあるかを確認するランディング・チェックリストも終わり、後は計器の指示に従って降りていくだけです。

　地上の霧は上空から見ると地面に貼《は》り付いている雲です。通常は、雲にははるかに高いところで入り、しばらく雲の中を飛んでから、滑走路が見えて降りるというパターンです。ほとんどのシミュレーターの訓練でも、実機でもそうやって飛んできました。ところがこの日は雲の高さが低く、地面に近いところで、雲に入る形になりました。雲に近づくと、その迫ってくる感じから、思わず一瞬外を見てしまいました。雲の上は、まるで真夏の海岸の白い砂のように光り輝いています。眩《まぶ》しいと思い目を細めた次の瞬間に、厚い雲に遮《さえぎ》られて光がなくなりコックピットの中は急に暗くなりました。あまりに強い光を見た後の目は、まるで真昼の街中から映画館の中に入ったときのように真っ暗闇の状態で、一瞬計器を見失ってしまいました。

通常パイロットはスキャンといって各計器を1秒の何分の1かずつ順番に見ていきます。それもただ順番に見るというだけではなく、正しいタイミングで必要な計器を見て、その値を解釈して操縦桿《そうじゅうかん》を動かしています。そんな中で一瞬でも計器を見失っては、上手く操縦することはできません。

操縦を代わってもらうために「ユーハブ（あなたが操縦してください）」と言う前に、すかさず先輩機長から「アイハブ（私が操縦する）」の声がかかりました。機長の「アイハブ」は絶対です。「ユーハブ」と言って操縦桿から手を離します。このときになって、やっと目が明るさに慣れて、今一度正確なスキャンのパターンに戻れました。待っていたかのように機長の「見える?」の声。「はい」と返事をすると、すかさず「ユーハブ」の声。「アイハブ」と言いながら再び操縦を始めました。そのまま降りていくと「アプローチング・ミニマム」の声と同時に、滑走路の手前にある進入灯や滑走路灯が見えてきました。正常に着陸できる位置にいることと、速度やエンジンの出力が適正なことを確認して、着陸することを宣言する「ランディング」とコールします。

パイロットの世界では、反省はエンジンを止めてから、が鉄則です。一瞬でも過去のことに心を奪われると、これからのことに上手く対処できません。

電波高度の50・30のコールに合わせて、外の見え方で判断しながらエンジンの出力を絞るのと同時に操縦桿を引いて、地面への降下率を下げて、機体がそーっと滑走路につくようにします。接地後リバースを引いてエンジンの空気を前に噴射して減速します。

スポットに入ってエンジンを止め、チェックリストを終えると、先輩から「ああいうときは、計器に専念して外を見てはいけないよ」の一言。その瞬間すべてがわかりました。先輩は、ああなるであろうことを予期していました。副操縦士も機長昇格訓練が近づくくらいになると、勉強もしているし、技量も上がってきます。本人は、機長という山の9合目以上登ったつもりで、後ほんの少しだと思っていました。ところが実は「まだ1合目ぐらいなんだよ」と教えてくださりたかったのだと思います。

そこまで考えてくれているとは、本当に素晴らしい先輩を持って幸せです。

お礼を言おうとすると、目で笑いながら右手で制して、「パイロットの世界では、先輩に受けた恩は後輩に返すんだよ」。その一言がとっても爽《さわ》やかでした。

それ以来、目からうろこが落ちたようにもう一度いろいろなことを考え勉強するようになりました。

私も機長になり、そろそろベテランといっていい年になってしまいました。自分はこの先輩のレベルに少しは近づけたのだろうかと反省すると、まだまだだなと感じます。

それでも、少しでもいいから、先輩に受けた恩を、後輩に返せる自分でありたいと思います。

技術の伝承

パイロットの世界では、自分が学んできたことを後輩に伝えるのは当然のことと考えられています。いくらマニュアルが整備されても、基本的な考え方や理念、物事に対する立ち位置は紙の上ではなかなか表せません。自分自身が多くの先輩達からの教えで今日があることはみんなよくわかっていますので、**後輩に自分の学んできたことを伝えるのは当然のこと**と思っています。ところが他の職種では必ずしもこれが上手くいっているわけではなさそうです。

ある重工業の会社が、60歳を過ぎても会社に必要な特殊技能を持つ人は、会社に残れるという制度に人事制度を手直ししたそうです。これ自体は素晴らしいことなのですが、その結果どうなったかというと、技術者は自分が知っているノウハウや大事な技術資料、様々な考え方などを自分一人で抱え込んで後輩に教えなくなってしまったそうです。

後輩に技術やノウハウを教えてしまうと、自分の特殊技能は自分一人のものではなくなり、定年後に会社に残ることができなくなります。これをもし自分がすべての技術やノウハウを抱え込んで後輩に教えなければ、自分が特殊技能者として会社に残ることができます。これでは技術の伝承はできませんし、抱え込んだ人が病気などで本当に会社にこられなくなったときには、技術もノウハウも消えてしまいます。制度と人間は本当に難しいと感じます。

これに引き換え、キヤノンは面白いことを実行しています。町工場を定年退職した優秀な技術者を雇い入れて、見所のある社内の若い技術者を数人弟子にしています。仕事は自分の技術やノウハウを若い技術者に伝えることです。複数の人を弟子にしているのも素晴らしいことです。万が一、誰かが会社を辞めたり、病気になったりしても技術やノウハウは会社に残ります。何よりも日本の中で培われてきた素晴らしい技術が消え失せない点に、このやり方のよいところがあります。この結果キヤノンでは、金型や精密部品が自社内で簡単にできるために、競争している会社よりも試作のサイクルがずっと短くなったようです。他の会社がやっと1台試作品を作っている間に、試作とチェックを繰り返して、試作3台目を作っていれば、どちらの会社に競争力があるかは言うまでもありません。

幸いパイロットの世界では技術やノウハウの抱え込みはありません。ゴルフではないのですが、どちらかというと教え魔の人のほうが多いかもしれません。それでも、フライトの後の泊まりが少なくなったり、昔ほど若い人と一緒に行動することが少なくなって、いろいろな話を伝える機会が少し減ってきているのが残念です。

まず前提条件の違いを話せ

人にものを教えるときには、**まず前提条件の違いを話すことが重要**です。

先生には前提条件がよくわかっていますし、あまりに自明なことなので前提条件を省略して話をしがちです。ところが話を聞く訓練生や後輩は、その前提条件を考慮せずに一般論として聞いてしまう傾向があります。あるいは誰々さんはこのやり方が好きだとかいうように、気象条件や他の飛行機との位置関係ではなく本人の好みと結びつけてしまったりします。

たとえば、先にも説明したように、飛行機には離着陸のときに浮く力を増して低い速度でも十分に浮いていられるようにする、フラップという装置があります。Ｂ７４７−４００の場合、着陸時には最終的にフラップを25または30の位置にするのですが、そのタイミングが問題です。早く着陸フラップの位置まで出したほうがより安定した状態を作れるのですが、フラップを25や30にするとそれまでの20よりも抵抗が増えてエンジンの出力を上げる必要が出てくるため、燃料は余計に使うし、地上の騒音も大きくなります。

ここで、ある教官が、「フラップをもっと早く出して安定した飛行をするように」と言ったとします。そう言われて次のフライトでフラップをこの前よりも早く出すと、「こんなに早く出して燃料や騒音のことは考えたの」と言われることになります。こうなると言われたほうはどうしていいかわからなくなってしまいます。

実は最初のケースでは、天気が悪くてある程度地上に近づくまでは滑走路がよく見えない場合です。本来は「天気が悪くて滑走路が遠くから見えない場合は」という前提条件が付くのですが、先生としてはそんなことは相手も当然わかっていると思って、話すときにこの前提条件を省略しがちです。後のケースでは「今日みたいに天気がよくて遠くから滑走路が見える場合は」という前提条件が付かなくてはいけません。この他にも「先行機との距離が近すぎる場合は」「自分の飛行機が着陸するすぐ前に出発機がいる場合は」というように前提条件には様々な場合があります。

人にものを教える場合には、自明なことでも、相手にとってはその前提条件が見えていないときがあります。必ず「何々の場合には」というように、前提条件を付けて教えてあげる必要があります。

よいところは誉《ほ》めるという習慣

一般に日本人は、あまり相手のよいところを誉めません。とくに先生となると相手が上手くできて当たり前だと思うので、悪いところはどんどん指摘しますが、上手くいったことを誉めることはあまりありません。ところが外国の先生は違います。外国ではグッド、エクセレント、ビューティフルの連続です。アメリカでものを習うと急に自分がものすごく上手くなったのではないかと思うほどです。

最初、訓練生の頭の中では、すべてのことが「よいか悪いか、どちらかわからないこと」です。日本人の先生に教わって悪い点を指摘されると、頭の中は「悪いこと」と「どちらかわからないこと」の2つに分類されます。ところがこのままだと訓練が進んでも「悪いこと」の割合が増えていくだけで、量は減少するものの残りは常に「どちらかわからないこと」で、自信を持って実行することができません。

ここで先生が、上手くいったことを、「あれはよかった」とか「そうそうそのやり方でよい」と指摘すると、訓練生の頭の中は「よいこと」と「悪いこと」、「どちらかわからないこと」の3つに分類されます。

「よいこと」と「悪いこと」の割合がどんどん増えてくるにつれ「どちらかわからないこと」の割合が減ってきます。

「よい」と指摘されないで育った訓練生は、訓練が相当進んだ段階でも、とんでもないポカをやる可能性があります。これに対して「よい」と指摘されて育った訓練生は、自信を持って正しいことを行えます。「よいこと」の領域にあることは積極的に行えますし、「どちらかわからないこと」を行うときは慎重に対処します。

教える立場に立ったときは、たとえ自分が教えたことでそれを教えた通りに上手くできたとしても、そのことを当たり前とせずに、**「そのやり方でよい」と指摘してあげることが必要**です。

日本人の悪い癖で「後で言う」というのがあります。上手くいったときはその場で誉めてあげないと相手にとって感動が薄れますし、後で何かを誉められてもどの部分が上手くいったのかが曖昧《あいまい》になります。

私の場合、副操縦士の着陸が上手くいった場合は、滑走路を出て誘導路に入って安定して直進できる時点で「今の着陸はよかった」と言ってあげるようにしています。こうすることによって自信もつきますし、頭の中に今の着陸のイメージが鮮烈に残っているうちですので、そのイメージのやり方でよいのだということが脳にインプットされるからです。

後で、飛行機を降りてから細かな話をするにしても、最初に一言「そのやり方でよい」というインプットを入れておいてあげるのは、イメージの形成の上で非常に重要だと思います。

日本人の教官は自分の受け持つ訓練生がある程度のことができるようになると、もっと細かなところまで完璧《かんぺき》にしようとして教えすぎる傾向があります。教官にしてみれば幹や枝がしっかりできたので、細かな葉っぱにあたる部分まで教えようとするのですが、訓練生に初期の段階で細かなところまで教えすぎると、すべてを完璧にやろうとするあまり、肝心の幹や枝にあたる部分が疎《おろそ》かになる危険性があります。

幹や枝がしっかりできた人に葉っぱのことを教えるのは有効ですが、幹や枝がまだしっかりとできていない人に葉っぱのことを教えると、本当に大事なことがきちんとできなくなることがあります。

教官は訓練生のレベルをよく把握して、そのレベルに合ったことを教える必要があります。また教えるときに、ここは絶対にやらなくてはいけないマストの重要な部分であるのか、できればやったほうがよいベターな部分なのか、常にどちらの部分であるかを示しながら教えなくてはなりません。

解決方法の提案をする

きわめて少数ですが、教官の中には、ここが上手くいっていない、あそこが上手くいっていないと駄目な箇所を指摘して仕事が終わりだと思っている人がいます。こんな教官は教官の資格がありません。

訓練生もある程度訓練が進んで技量が上がってくると、自分で駄目な点はよくわかっています。ここで単に駄目な点を指摘しても何の解決策にもなりません。

では教官の主な仕事は何なのでしょうか。教官の主な仕事は相手が上手くいかない原因を探して、その解決方法を考えることにつきると思います。人間は一人ひとり違います。まるっきり結果としては同じに見えるようなことでも、原因が根本的に違うかもしれません。

パイロットでいうと、上手くいかないときはたくさんある計器や外の景色のうち、見るべきときに見るべきものを見ていないということが考えられます。

次に、見るべきときに見るべきものは見ているけれど、目から入ってくる情報の解釈が間違っていることも考えられます。

さらには解釈までは正しいけれども、それに対する対処法が間違っているのかもしれません。

あるいは、対処法は合っているけれど、単に物理的にそれができていないということもあります。

その一つひとつについて、実は座り方や座席の位置が悪いのかもしれませんし、あるいは操縦桿の持ち方が悪いのかもしれません。目の動かし方が悪い、あるいは眼鏡が必要などということもあります。

教官の仕事で一番大事なのは、同じ上手くいかないという点から、その人にとって何が原因なのかを考え、「こうやってみたら？」という対処法の仮説を提言してあげることです。それで上手くいく場合はオーケーですし、もし上手くいかない場合には、原因からもう一度考えて別の対処法を提案してあげる必要があります。

経験の浅い訓練生にとって、上手くいかないことは自分でもよくわかっているのですが、その原因が何で、対策はどうしたらいいのかがわかりません。それを見抜いて教えてあげるのが教官としての重要な務めとなります。

自分の頭で考えるという基本

毎年多くの人が、航空会社や航空大学校の試験を受けてパイロットの世界に挑戦します。訓練が始まったときに一番とまどうのが、パイロットの世界は正解が一つではないということでしょう。

日本の教育では、先生が問題と解法を一つだけ教えます。教わった通りの解法で問題を解く人がよい学生といわれます。

ところが世の中のほとんどの問題が、このように単純にはいきません。とくに自然を相手にしているパイロットにとって正解は必ずしも一つではありません。

飛行機に故障が生じたときに、天気は悪いけれどより近い空港に向かうべきなのか、天気はいいが遠い空港に向かうべきなのか、あるいは目的地まで飛び続けるのか、出発地に引き返すべきなのかは、そのときの故障状態や天候の状態、空港までの時間など様々な要素で変わります。

絶対的にこれが正解で、これが不正解という世界ではありません。

考慮すべき要素は無限にありますし、そのときにどの要素をどれだけ重要視するかは毎回微妙に変わります。

第二次世界大戦のときに、アメリカ軍が日本軍の戦い方について、全員が陸軍士官学校や海軍兵学校で同じ教育を受け、同じ戦術で毎回出てくるので、対処が非常にしやすかったと評したそうです。ある海域では日本海軍の艦隊は教科書に書いてある通りの夜戦にこだわり、いつも新月に攻めていったそうです。対するアメリカ軍は満月の間に十分補給と訓練を行い、新月になると完全に戦闘準備を終えて手ぐすねひいて待ちかまえていたそうです。さらにアメリカ軍がレーダーを装備するようになると、日本軍からはアメリカの軍艦が見えないけれど、アメリカ軍はレーダーで射撃できると、逆に新月がアメリカ軍に有利にさえなったそうです。

教科書に書いてあることを教科書通りにやるのでは、指揮官ではありません。日本の戦後の教育も、企業で使われる優秀な人間を作るのに最大の焦点がおかれた結果、自分で考えることのできない人間を大量生産してしまったような気がします。

問題と同時にその解法を教え、先生が教えた通りの解き方で早く解けた人が正解というようなやり方を小学校から何年間もやってくれば、自分で考えることができなくなります。問題があれば必ず、解法も教えてもらえると思っている人がかなりいます。パイロットの世界では正しい答えを答えるよりも自分で問題を探してくるほうがはるかに重要です。問題さえ見つかれば、先輩に尋《たず》ねることもできますし、優秀な技術者に聞くこともできます。

日本の行き詰まりの原因はこのようなところにあるのではないかと思っています。

先生が、すべてのケースについて対処法を教えることは不可能です。

そこで先生は、**対処法を教えるのではなく、原理原則と考え方を教えて自分で考えることを教えるべき**でしょう。

飛行機の世界でいうならば一番大事なのは「人の命を守る」ということです。二番目に大事なのは「飛行機を壊さない」。三番目は「迷惑をかけない」ということになります。これができて初めて「お客様を無事に目的地にお連れする」「決められた時間に到着する」「できる限り快適なフライトを楽しんでいただく」などの他の原則が続きます。場合によっては、より上位の原則を守るためには、下位の原則は破《やぶ》らなければいけないかもしれません。また基本の原則以外はフライトごとに原則の優先順位が変わります。

このように原則を示して、その原則を守るためにはどのようにしなければいけないのか、その考え方を教えるのが先生の役割です。

パイロットの世界では、自分で考えて自分で対処しなければ生き残ることはできません。何かが起きたときにその状況を一番正確に把握しているのは、現場の乗員です。その乗員が自分の頭で考えられないときには破局が待っています。そのために乗員は様々な訓練を積み、勉強し、情報交換をしています。

第7章　フライト・シミュレーション

フライト・シミュレーション

ナポレオンはアレキサンダー大王の歴史書をよく読んでいたそうです。そのときの読み方がちょっと変わっていて、アレキサンダーが何かを決断しなければいけないような場面になると、とりあえず本を置き、まず自分ならどうするかを考え、自分の考えが決まったところでそれから先を読み続けたそうです。自分が決断したことと、アレキサンダーが下した決断が違った場合、なぜ違ったのか、どこが違うのか、どの条件を見落としたのか、どちらの方法がよいのか真剣に考えたそうです。天才といわれたナポレオンの作戦能力もこんなところから生み出されたのかもしれません。

その故事にならって、本章はちょっと面白いアプローチを試みてみました。パイロットが何かを決めるときにどんなことを考えているか、少しでも雰囲気を味わっていただければと思います。

ヒントはプロローグであげた現代パイロットの条件です。

1 結果力
2 経験によるカン
3 柔らかい思考
4 心をつかむ技術
5 鳥の視点

これから「フライト・シミュレーション」に挑戦していただきますが、あなたが飛行機の機長になって機長席に座っているつもりで読んでください。このシミュレーションは、実際に起こった事柄や私の経験をもとに作成しています。

最初に紙と筆記用具を用意します。設問と回答の選択肢を読んだ後は、次のページを読まず、自分ならどれを選ぶかを決めて紙に記録して、それから続きのページを読んでください。

もう一つ重要な点は問題欄に指示された時間の厳守です。わからなくてもいいから必ずこの時間内に何か一つ回答を選んでください。パイロットの世界で重要なのは時間です。いくら正解を選んでも1時間かけて選んでいたのでは燃料が足りなくなってしまいます。短い時間で決断できることも重要です。

それでは、コックピットにご招待しましょう。Good Luck!

シミュレーション1 前方の積乱雲、通過不能

グァム島からの帰りの便で、成田に南から近づいています。燃料は今から約2時間飛び続けられる量があります。房総半島に積乱雲が横に列をなしています。西は三浦半島から東は銚子《ちょうし》沖180kmまでべったりと繋《つな》がっています。頂上の高さは7500mぐらいです。通常の成田への進入だと積乱雲の中を通過していかなければ、高すぎて降りられません。レーダーで見る限り、隙間《すきま》はほとんどありません。

あなたならどうしますか（考える時間は30秒です）。

A　シートベルトサインをつけ、全員着席させてレーダーでエコーの弱い部分を通過する

B　グァム島に引き返す

C　高度を上げて積乱雲の上を飛び越す

D　羽田に向かう

正解はCです。Aでは飛行機が壊れてしまう危険性すらあります。Bはグァムに引き返せるほどの燃料は残っていません。Dですが三浦半島から銚子の東まで積乱雲が繋がっている状態でしたら、羽田に行くにしても上を飛び越えない限り積乱雲の中を突っきらなくてはなりません。

いくら人間の文明が進歩したからといって、大自然の力にはかないません。夏の空に見える積乱雲はパイロットにとって非常に怖いものです。勢力の強い積乱雲の中を飛行してジェット爆撃機の垂直尾翼が折れてしまったという話があるぐらいです。

実際にこの状況になったときは、成田に南から近づくと、房総半島の南に積乱雲が横に列をなしていました。最初はどこかに隙間があるはずだからレーダーを駆使して間を抜けていこうと思って降下のクリアランス（管制官の承認）を要求して降りていきました。高度が9000mになったぐらいで、よく見てみると、まるで行灯《あんどん》かランプを灯したように、内部には雷が白く光っています。雷の回数も半端ではありません。

雲の隙間もほとんどないようです。このままでは通過するのはとても無理だと思ったので、管制官に連絡して一度高度を1万mまで上げてもらい上空を飛び越すことにしました。

成田の北にはカスミポイントと呼ばれるところがあり、北から成田に着陸するときにこのポイントを通過します。そこで一度成田の横を飛び越え、カスミの北を回って北から進入着陸することにしました。管制官にそのようにレーダーで誘導してくれるように頼み、カスミの側まで1万mを維持して飛行し、そこから南に向いて成田に向けて降下を開始しました。

雲の中を通過することもなく、機体はほとんど揺れずにお客様にも快適なフライトをしていただくことができました。

燃料は若干多めに使ったのですが、当日の天気を見越してグァム島で余分に燃料を積んでおきましたので、問題は全くありませんでした。

これが、あのまま南から進入して積乱雲の中を無理に突っ込んでいったら、最悪機体が壊れたかもしれませんし、お客様も揺れで大変だったろうと思います。

パイロットにとって大事なのは、お客様を安全、快適に目的地にお連れすることです。目的が達成されるなら、そのためのルート、方法はフレキシブルに考えるのが一番です。南からのアプローチで何とか通過しなくてはいけないと考えるのではなく、一度飛び越えて北から降りるというような**柔らかい思考と工夫**が重要です。

シミュレーション2　ポンプの警告灯、不作動

成田のディスパッチセンター（フライト前に準備をする場所）に行くと、燃料のポンプそのものはきちんと作動しているけれど、そのポンプが動いていないときに警告のために点灯するライトが、上手く作動しないという報告を受けました。もちろん多くの整備士がきちんと修理をしてくれているのですが、出発時間までに直るかどうかは微妙なところだという連絡を受けました。

飛行機の定刻の出発時間は夜の10時です。ただし成田ではカフューという制限があり夜の11時を過ぎると離陸できません。

また今回は警告灯の故障ですが、ポンプ本体が故障している場合には、予備の燃料を積んで出発することができます。

あなたならどうしますか（考える時間は30秒です）。

A　整備を信頼してそのままフライトの準備をする

B　完全な飛行機でないと嫌《いや》なのでフライトをキャンセルする

C　最初からポンプ不作動と同じだけの予備の燃料を積んで出発の準備をする

D　カフューぎりぎりで作業をするとタイムリスクが増えるので、フライトを翌日の早朝に遅らせる正解はCです。Aは警告灯の修理ができないとわかった時点から準備したのでは出発制限の11時に間に合わずに、その日のうちに出発できない可能性がかなり大きくなります。

Bは、これぐらいのことでフライトをキャンセルされてはお客様はたまりません。せっかく休みをとって旅行を計画しても一日遅れの出発では予定はめちゃくちゃになってしまいます。

Dは、これも現地に早朝つけるはずが、夕方つくことになります。その日一日の観光もできませんし、行った先で他の飛行機に乗り継いでどこかに行く予定だった場合、旅行そのものが台なしになる可能性があります。

リスクマネジメントの基本は、**事態が自分にとって最悪となった場合に対しても十分に対処できるようにしておくこと**です。

出発時間ぎりぎりになって、修理が間に合わないとわかっても、そこから対処するのでは間に合わなくなる可能性があります。

実際にこの状況になったときは、通常の出発の準備と並行しながら、まずこのライトの不作動をポンプそのものの不作動と同じようにみなすかどうかを整備の統括セクションに確認しました。結果は、不作動になったことがわからないために、このライトの不作動はポンプそのものの不作動と同じこととみなすという話でした。

この場合、出発前に各部品が故障したときにどう対処しなければいけないかを定めたMELというマニュアルを調べてもらいました。

MELにはこのポンプの不作動時には、燃料を対応する量だけ余分に積むことが規定されていました。そこで最初からその量を増やした分だけ燃料を積むことにしました。

またフライトプランや、重量を正確に出したウェイト・アンド・バランスという書類も新しい燃料の量に対応したものにして、後でもってきてもらうことにしました。これで、ライトの修理が間に合わなかったとしても、遅れはなくて済むはずです。

結果的には、ライトの故障も直り何ら問題のない形で出発できたのですが、もし修理ができなくてもその被害はほとんどなかったはずです。

ビジネスの世界でも様々な悪い事態が起こる可能性があります。人間はつい自分の都合がよいほうに事態が推移してくれることを望みがちですが、最良の事態を想定していて最悪のことが起こった場合には対処できない可能性が大きくなります。自分にとって**もっとも不利になる最悪の事態を想定しておけば、被害を最小限にすることができます。**

シミュレーション３　時短と燃料の節約

冬場のホノルルから成田までのフライトです。コンピュータの出したフライトプランでは、最初からフライトレベル３１０（約９９００ｍの高さ）に上昇し、その後、３３０、３５０と順次上昇していく計画になっています。ところが経度１８０度（太平洋のほぼ中央）までは西風が強く、ここまでは低い高度（フライトレベル２８０）で飛んだほうが時間と燃料が得をしそうです。

あなたならどうしますか（考える時間は30秒です）。

A フライトプランに従って飛ぶ

B 経度180度まではフライトレベル280で飛び、そこから高い高度に上昇する

C 全経路をフライトレベル280で飛ぶ

D 経度180度まではフライトレベル280で飛び、そこから高い高度に上昇する。ただし燃料は積み増しする

正解はDです。

Aの方法では、せっかく時間と燃料を少なくするチャンスがあるのにそれを無駄にしてしまいます。Bの方法では、もし他の飛行機が自分の上にいて高い高度に上昇できない場合には燃料が足りなくなる可能性があります。Cの方法だと、ものすごく燃料を使って足りなくなる可能性があります。

パイロットとして外国に行けることや、珍しいものを食べられるのはとっても楽しみです。でも一番楽しいのは自分の読みが正確にあたったときです。

冬場、ホノルル付近の西風が強いときがあります。まずホノルル近辺では高度をフライトレベル280に抑えて向かい風の弱い高度を飛び、途中で西風が弱くなったあたりで高い高度まで上昇して日本に向かうやり方をよく使います。ただしこの方法ですと他の飛行機に邪魔されて高い高度に上がれない危険性がありますので、もし上がれなかった場合に備えて十分な燃料を積んで飛びます。

さらに日本に近づいてからの高度も重要です。飛行機は重量によって燃料効率が一番よい高度が決まっています。ホノルルから日本に帰ってくるときはかなりの時間飛びますので、日本付近では高度も高くなっています。

ところが冬場の日本付近の高い高度では、強い西からのジェット気流が吹いています。日本に近づいた段階で、低い高度の風と揺れの具合を会社に確かめます。もし下のほうが揺れがなく風も弱い場合には、管制官の許可をもらって低い高度まで降りてしまいます。こうすることによって燃料も時間も大幅に節約することができます。

この最初に低く飛び、最後でまた低く飛ぶという方法を使って、ホノルルから大阪までのフライト時間を15分も短縮し、燃料を約1000リットル節約したことがあります。

このような飛び方はマニュアルには書いてありません。毎日のフライトから様々な仮説と計算を繰り返した後に実行します。

すべての仕事には改善の余地があるはずです。それを見つけるのは経験による気づきと仮説です。

コラム パイロットの仕事道具

制服　その②

ほとんどの航空会社でパイロットの制服は、なぜかダブルのスーツです。実はこれには歴史に裏づけされた理由があります。

飛行機が現在のように世界中で乗客や荷物を運ぶようになる以前は、主な長距離移動には船が使われていました。そのため、飛行機には船からの習慣などが多く残っています。ダブルのスーツも、もともとは船の習慣に由来があります。

船長や航海士は、船のブリッジから出て甲板《かんぱん》に立つことがあります。こんなとき、船の針路と風の方向によっては、体の右から風が吹いてきたり、左から風が吹いてきたりします。

もしも服がシングルのスーツだと、風の方向によっては、冷たい風がふところに入ってきます。こんな状態で寒い海を走っていたら、すぐに体を冷やしてしまいます。

そこで、昔の船のオフィサーの服はダブルのスーツにして、右でも左でもどちらでも上にできるように作られていました。今のパイロットの制服は、その名残《なごり》なのです。

制服とは少し話がそれますが、飛行機で使う用語にも、船の名残を留《とど》めているものもあります。たとえば客室のことを「キャビン」、機長のことを「キャプテン」、空港のことを「エアポート（ポート＝港）」、機体のことを「シップ」と言います。これらはまさに船からくる用語です。

船の時代から飛行機の時代へ、時代の変遷はあっても習慣や言葉が変わらず息づいているというのは、なんだか面白いものです。

シミュレーション4 成田は台風です

朝9時の成田です。成田に台風が近づいてきています。風の方向も滑走路に直角になってきていて、すでに離陸の横風制限値を超えています。
あなたならどうしますか（考える時間は30秒です）。

A 台風は怖いので安全第一を考えてフライトをキャンセルする
B 飛行機に乗って離陸の準備を進める。お客様にも飛行機に乗っていただき、離陸ができる状態になったらすぐに離陸する
C 会社から別途指示があるまで待つ
D 台風の進路と風速、強さを考えて、決めた時間まで全員解散してもらい、その時刻に改めて集まってもらう

正解はDです。

Aの方法ではせっかく旅行をしようとしているお客様に多大な迷惑がかかります。また、この飛行機で海外から日本に帰るお客様を連れて帰らなければなりません。キャンセルは最後の手段です。

Bの方法ですぐに出発できる可能性はほとんどありません。狭い機内でタバコも吸えず、連絡もできずに、出発をじっと待つほど嫌なことはありません。あらかじめまとまった時間があれば、その間に食事もできますし、成田でしたら仮眠室やシャワールームもあります。人によってはコンピュータで仕事を済ますことができるかもしれません。

Cの方法はBと同じことになる可能性が大です。台風の場合、コントロールセンターでは何十機という飛行機の面倒をみなければいけません。最優先は今飛んでいる飛行機をどこに無事に降ろすかです。受け身で待っていては連絡がいつになるかわかりません。

お客様にとって一番嫌なのが小刻みに、出発時間を延ばされることです。まとまった時間、出発しないことがわかれば、その間に食事をすることもできますし、仕事をすることもできます。お客様にとって機内でじっと拘束され、タバコも吸えない、携帯電話もかけられない状態よりも、自由にできるほうがいいに決まっています。

このときに実際はどうだったかというと、離陸の横風制限値も超えてしまい、台風の進路と風の方向、強さを考えると、これからしばらくは風は強くなり、少なくとも昼の2時過ぎまでの出発は絶望的です。

そこでお客様にはいったん、解散していただいて、次の連絡は昼の2時に集まってもらうことにしました。

台風という自然現象ですが、その中にあっても被害を最小限にするにはどうしたらいいか、お客様の立場に立ったら何が一番望ましいのか、を考えることが重要です。そのためには近未来の予測と鳥の視点が重要です。

シミュレーション5　ソウル・インチョン、着陸やり直し

ソウル市は、国境線からあまり遠くない場所に位置します。平日であっても多くの軍用機が行き来します。その結果、管制官がなかなか自分が今飛んでいる高度より低い高度に降りる許可をくれません。この日もそんな感じで随分と高い高度のまま飛行場のすぐ側まで飛行させられました。飛行場のすぐ側で急に進入を開始する高度まで降下する許可が出されました。すぐにフラップを出したり脚を出したりして、対処しようとしたのですが、飛行場に近すぎてかつ高度が高すぎました。

飛行機は進入するときに仮想のゲートを設けています。地面から1000フィート、約300mの地点で速度と縦と横のずれが定められた範囲の中になければ、着陸を止めてもう一度やり直すことになっています。

このときも1000フィートまで頑張ってはみたものの、依然適正な進入角からすると高すぎる位置にいました。

あなたならどうしますか（考える時間は30秒です）。

A　着陸をやり直して規定のコース、高度に従って飛ぶ

B　とりあえず自分の技量が許すぎりぎり低い高度まで降りる

C　インチョンの滑走路は長くて、今日の重量は軽いので、滑走路の真中に着陸する

D　管制官に許可をもらって水平に右にひと回りして降りる

正解はAです。Bは危険です。定められたポイントで安定していなければ着陸をやり直すべきです。低空まで大きな降下率でエンジンの出力を絞った状態で進入すれば滑走路の手前に降りる危険性も増加します。決められたことが守れない人物はエアラインでは必要とされません。Cも危険です。滑走路の中に止まれないことがあります。Dは他の飛行機の流れを大きく阻害します。またその分危険も増加します。駄目だったら変なプライドなど持たずにさっさとやり直すべきです。

実際にこのときは1000フィートまで頑張ってはみたものの、依然適正な進入角からすると高すぎる位置にいました。そこで規則に従って「ゴー・アラウンド」（再び上昇）と言うと同時に、エンジンの出力と飛行機の機首を上げ着陸をやり直しました。飛行場は一つひとつの進入方式ごとに、もし途中でその進入を止めなければいけない場合の飛び方が決められています。

このときもその方式に従って、高度と経路を守りながら上昇していきました。

一方、副操縦士は直ちに管制官に着陸をやり直す旨を伝えます。

管制官からは、当面維持すべき高度と方向が指示された後、進入管制官に連絡するようにその周波数を言ってきました。

進入管制官からの誘導に従って二度目は無事に着陸することができました。

このような場合には決められたことはきちんと守ること、自分の感情を入れないことが重要になります。幸いそのような機長はいませんが、着陸をやり直したらかっこ悪いとか、客室乗務員はどう思うかとか、お客様がどう思うかなど、雑念に心を囚《とら》われる人は機長失格です。また、これとは別に自分が上手いところを見せてやろうというような気持ちを持つ者も機長の資格はありません。

このような場合には、判断の基準は規則と定められた手順におき、自分の感情を一切入れないようにしないと飛行機を正しく飛ばすことはできません。

世の中を見ていると、いろいろなところで重要な判断に対して、上司がどう思うかとか、自分が出世できなくなるとか、個人的に儲かるなど、本来判断するときの要素に入れてはいけないことを考えて決断する人がいるようです。そのような意思決定は社会に害をもたらしますし、結果的にはどこかで露見して、かえって自分が望んでいなかった方向に行くものです。

かっこよさを求め、かっこ悪さを嫌《きら》う姿勢は悪です。どれだけ多くの人が自分をよく見せようとして失敗したかわかりません。また、不純な動機による決断も災いをもたらします。

シミュレーション6　羽田の滑走路閉鎖、そのとき

その日のフライトは成田に向かっていました。飛行機のすべてのシステムは順調に動いていました。また天候も良好。何も心配がないフライトでした。関西空港の横を通りすぎ、あと少しで名古屋の横に差し掛かろうというときに会社の無線が呼んできました。

「羽田空港に車で男が進入し、その結果として飛行場が閉鎖され、現在は1機も離着陸していない」

あなたならどうしますか（考える時間は30秒です）。

A　自分の飛行機は成田行きで関係がないので、そのままフライトする

B　一番近い中部空港に降りる

C　整備施設の整っている関西空港に降りる

D　会社に連絡して状況と意向を確かめる

正解はDです。Aでは羽田に降りられない飛行機が成田に集中しているかもしれません。自分の飛行機が行くことで他の飛行機の安全を阻害するかもしれません。Bは中部空港は羽田に近いだけに羽田からくる飛行機のために開けておくべきです。状況によってはCもいいかもしれません。ただし、もし必要もなく関西空港に降りてしまえば、乗っているお客様にはいい迷惑です。

こういうときは、全員が一つのことに集中するのがもっとも危険です。実際にこの状況になったときは、直ちに「ユーハブ・コントロール」と副操縦士に操縦を任せました。また管制官との交信も副操縦士に頼みました。チームとしての行動にはこのような役割分担の明確化も重要です。

このままでは羽田に向かう多数の機が羽田に降りられずに成田に向かうことが考えられます。場合によっては成田が非常に混雑して着陸まで随分と待たされる可能性や、羽田に向かう飛行機が燃料が足りなくなって優先着陸を求める可能性もあります。

関西空港に降りるか中部空港に降りたほうが、羽田、成田に向かっている飛行機全体の流れの中ではいいかもしれません。羽田からなら中部空港までのほうが少ない燃料で飛べます。燃料に余裕があるなら関西空港に降りて中部空港を開けてあげたほうが羽田に降りられない飛行機にとっては助かります。そこでまず、あまり東京のほうに寄らないように、かつ燃料を節約するために管制官に断って速度を減らしました。

その間に会社との無線連絡で状況の把握と、場合によっては関西空港に向かうか、中部空港に向かう必要があるのかについて確認をとりました。

しばらく待つと会社の結論として、「羽田行きの出発を止めているので、今羽田に近づいている飛行機だけ成田に降りればいいので、さほど大きな混雑はないだろう」とのことでした。さらに「もともと成田に向かう飛行機にはとくに指示が出されていないので、このまま成田に向かってほしい」との連絡がありました。成田には2本の滑走路があり、もし1本の滑走路が何らかの理由で塞《ふさ》がれても他の滑走路に降りられます。

さらにそれも駄目になった場合には、米軍の横田基地に向かうこともできます。幸い天気がよいので気象条件で降りられない確率はほとんどありません。

そこでそのまま成田に向かうことにしました。ただし今羽田の周りにいる飛行機が成田に降りた後に自分の飛行機が着陸できるようにするためと燃料を節約するために、速度は減らしたまま行くことにしました。

副操縦士と一つずつ話し合いました。現在確認されている事実、とろうとする方法、さらにそれが駄目になった場合の代替手段について確認していきます。当然予想される上空待機では、燃料の残りがいくらになるまで上空で待つかを決定します。代替手段としては着陸に必要な滑走路の長さを算出して、もし成田の長い滑走路が閉鎖されたときは短い滑走路に降りることを決めました。さらに横田基地の天候状態を調べ、成田の飛行場全体が閉鎖された場合には、横田に向かう旨を確認しました。

何かが起きたときに自分の飛行機のことをまず考えるのは当然ですが、自分の飛行機の安全が確保された後には他の飛行機のことも考えて、**自分がどういう行動をとる**

のが全体として最適になるかを考えるべきだと思います。

このように鳥の視点を持たずに、目の前のことだけを見て行動すると一見自分個人の成績にとってよさそうなことが、自分の所属する部門あるいは会社にとって最悪の結果をもたらすこともあります。また自分の属する部門としては最適でも、会社にとっては非常に都合の悪いことも起こります。あくまでも全体の中で自分や自分の属するセクションがどう動くのが最良なのかを、なるべく大きな単位で考えることが必要です。

いかがでしたか。少しは雰囲気を感じていただけたでしょうか？

とりあえず、私の考えた正解に一致しているものがよいと仮定して、全問正解した人は機長レベルの判断力、1問か2問、間違えた人は副操縦士レベルの判断力、3問以上間違えた人はアマチュアパイロットレベルの判断力といえるのかもしれません。

ここで正解としたのはあくまで私の考え方ですし、別の考え方もあるかもしれません。また、ブルース・リーがその著書『截拳道《ジークンドー》への道』（キネマ旬報社）の中で「すべてのワザは幾《いく》ばくかの正当性と幾ばくかの誤謬《ごびゅう》性を併せ持つ」と述べているように、現実社会の中で起きる問題には、これが絶対的な唯一の正解ということはあり得ません。様々な観点から見た場合、とった決断には必ず利点と欠点が同時に存在します。また、複数の正解が同時に存在することもあり得ますし、正解がない問題も存在するのです。

第8章　ビジネスリーダーとしてのパイロット

何段目まで考えているか

フライトをしていると様々なことが起こります。その場ですべてを考えて正しく抜け目なく対処するのは大変です。そのためには「もし客室の空気が薄くなったら、緊急降下する」というようにあらかじめ考えておく必要があります。とくにパイロットでなくても、ほとんどの人が自分の仕事について、何かが起きたときの第一段目くらいまでは考えていると思います。

しかしパイロットの仕事は第一段目までの考えでは足りません。確率からいくと天文学的に小さな数字になるのでしょうけれど、一つの事象が起きた後に別の事象が起きて、窮地に立たされる危険性があります。たくさんのお客様の命を預かっている以上、この確率がものすごく低い事象についてまで考えておかなくてはなりません。

その一つの例として、天気が悪くてある飛行場に降りられず、他の飛行場に降りようとしたけれど、自分の直前に降りた飛行機が何らかの理由で滑走路を塞《ふさ》いでしまうという事例が考えられます。

今の成田空港は滑走路が２本になっているのですが、昔は1本しかありませんでした。もし羽田空港の天気が悪くて着陸できず成田に向かっているときに、自分の飛行機の着陸直前で他の飛行機がその1本しかない滑走路を塞いでしまったら、着陸するところがなくなってしまいます。そのようなときでも無事に対処できるように、あらかじめいろいろな作戦を練っておくことが重要です。

アメリカから成田空港に向かっていると、会社からの連絡で成田と羽田に積乱雲の列が近づいているとの話でした。

副操縦士に「どう対処すればいいと思う」と聞くと、「羽田の天気を調べて成田が駄目なら羽田に向かいます」との返事でした。「羽田にも近づいているけれど。どうする？」と聞くと、ちょっと困っていました。別に意地悪で聞いているわけではありません。副操縦士に一段目だけでなくもっと二段目、三段目まで考えなくてはいけないということをわかってもらいたくての質問です。当日の第二の代替飛行場は名古屋です。燃料の残りが十分で名古屋の天気がよいときは名古屋に向かうというのが次の段階です。さらに会社の規則で成田と羽田の両方が駄目な場合で、かつ名古屋まで飛ぶと燃料に不安がある場合は、米軍の横田基地に降りてもいいことになっています。本当に成田と羽田両方とも降りられる見込みがない場合には、成田までの途中にある、仙台空港に降りることも可能ですし、もっとアメリカに近い場所なら千歳に向かうこともあり得ます。

この他にも、速度を上げて雲の列が成田空港や進入経路の上にくる以前に早く成田に着陸してしまうことも考えられますし、逆に速度を落として、雲の列が通過してしまうのを待つことも考えられます。雲の位置と風の強さによっては、使っている滑走路と反対側からの進入が望ましい場合もあります。

世の中のいろいろな仕事で、まるっきり想定していなかった事態が起きることはそうそうありません。ほとんどの事例が自社で過去に経験してきたことか、あるいは自分の会社では起きていなくても、外国も含めて業界の中では起きたことがある事例です。また、自分の業界では起きていなくても、他の業界で起きたことを自分の会社に置き換えると容易に想像がつく出来事の場合もあります。日ごろいかにこれらの事例を集めて、その一つひとつの事態に対して何段目まで対策を考えているかが、緊急事態への対応の分かれ目になる気がします。

自分をよく見せようと思わない

自分をよく見せようと思うのには2つのタイプがあります。一つは難しそうなことや無理なことを行って、周りの人間に、どうだ！　俺《おれ》はこんなすごいことができるんだ、と自分のプライドを満足させるタイプです。もう一つは自分が何か失敗をしてまずいことになってしまったときに、その失敗が目立たないようになんとか取り繕《つくろ》おうとするタイプです。

たとえば、パイロットが適切な降下開始点をわざと遅らせ、飛行機を非常に高い場所にもってきておいて、そこから急に降下させてぎりぎりで降りるのが、最初のタイプです。要はこんな難しいことができる俺はすごいだろうとひけらかしたいだけなのですが、難しいことを行うと確実にリスクを増加させます。こんなパイロットはエアラインには向きません。

もう一つのタイプは、最初のタイプとは別に何らかの理由で高くなって着陸できないぐらいの高さになってしまっても、ゴー・アラウンドすると格好が悪いとか、横にいる副操縦士や会社が何て思うだろうかと、余計な邪念が生まれて、ぎりぎりまで何とか着陸しようと頑張るタイプです。こんなパイロットもエアラインには必要ありません。

パイロットは優秀な技量を持たなければなりませんが、その技量を発揮しなければいけない状況に自分を置いてはいけません。そうならないようにあらかじめ対処するのが優秀なパイロットです。まして自分から意図的にそのような状況を作り出すなどというのは、確実にエアラインのパイロットではありません。また意図していないけれど、管制官の指示や気象状態などでそういう状況に置かれてしまうこともあります。そんなときは無理をせずにもう一度やり直せばいいだけです。エアラインのパイロットは、操縦ということに対して一切の感情的な判断を持ち込んではいけないのです。

機長の仕事で一番大切なこと

機長の仕事で一番大切だと考えていることがあります。それは飛ばないという決断です。もともとパイロットは飛ぶのが使命ですし、パイロット自身飛ぶのが好きな人がほとんどです。また様々な状況で飛べるように勉強もし、訓練もしています。一方、航空機は安全を担保するために、離着陸時の横風の最大値や追い風の最大値、また滑走路がどれだけ見えるかの距離についても細かな規則が定められています。規則は国や国際標準で定められ、その中で航空機の製造会社が機種ごとに定めています。さらに航空会社はその値の中で自社の最大値を決めています。

着陸する空港の天気が悪い場合には、代替飛行場を定めたり、さらにもう一つ代替飛行場を追加したり、最悪の場合には出発地に戻ってこられるようにします。

ところが、離陸のときに何かの値が制限にひっかかっていると離陸することができません。いくら自分の腕ならできると思っても、定められた制限値はほんの少しでも超えることは許されません。

そんな中で、何時までは出発できないと決めたり、安全を守るために今日のこのフライトは飛べないと最終的に決めるのは機長の重大な責任です。お客様、ディスパッチャー、その他の会社の人間とほとんどの人間が飛ぶことを期待している中で、中止の決断をするのはかなり勇気のいることです。

もちろん自家用機のパイロットではないのですから、何となく飛びたくないとか、方角が悪いから飛ばないということはお客様に対しても会社に対しても通用しません。機長の決定は最大限尊重されますが、それと同時に機長には説明責任が生じます。

100%の責任

世の中責任をとりたくない人がかなりいます。すべてではありませんが、よくいわれるのがお役所です。減点主義の会社でも同じことがいえます。いくら非効率だろうが相手が困ろうが、過去と同じことをしていれば責任は過去に決めた人にあって、自分は慣例通りやっていると言いわけができます。

でもこんなやり方では、変化の激しい現代を生き残っていくことはできません。まして、朝令暮改どころか朝令昼改でめまぐるしく変わっている、韓国や中国の企業に太刀打ちすることなど絶対にできません。過去の前例があることしかしない人は、企業や組織に必要とされていません。早晩居場所がなくなることでしょう。そのような人であふれている企業や組織も社会から消滅していく運命にあります。

キヤノンをはじめとする多くの企業でセル生産方式という方式が導入されています。従来の大量生産方式と対極にあるやり方です。従来のやり方だと一つの部品だけ取り付けます。それが終わればベルトコンベアーに流して、次の人がまた別の部品を付けて、という繰り返しでした。このやり方は少品種大量生産には向いた方法でした。ところが現在のように人によっていろいろと望むものが違ったり、製品の寿命が短くてすぐに新製品が出てくる多品種少量生産時代には、製造する製品をすぐに替えられなかったり、仕掛品ばかり増えて、不都合な点ばかり目立ってきました。

そこでセル生産方式では、一人の手の届くところにすべての部品を置き、最初から最後まで一人で組み立てます。標準の作業手順は一応決められていますが、自分でどう改良してもいいことになっています。作業が終われば機械に自分の名前を署名します。

この方法で生産性を上げ故障率が少ないと、マイスターの称号をもらえ、給料もアップします。

多品種少量生産にはものすごく向いたやり方です。Aという商品が売れているならAを作るセルを増やせばいいだけですし、同時にA、B、C、Dといくつもの商品を生産することができます。需要に応じて作るものを細かく替えることができますし、仕掛品も少なくなります。やり方をどんどん工夫でき、一人が見つけたいいやり方を他の人に教えるのも簡単です。今までのマニュアルの欠点、大量生産方式の欠点を見事に克服しています。製造業の世界ではこの方法を採り入れるところが増えてきました。

すべての責任を自分が持ち、権限も自分が持てると、いろいろと創意工夫をする余地が生まれます。通常のベルトコンベアー方式ではライン全体の速度がラインの中で一番能力の低い部分で制限されますが、セル方式では各セルは自分のできる速度でものを作り出すので生産性は向上します。さらに、自分の前後との調整や他部門との調整のような余分な内向きの仕事が減る分、より生産性は向上します。

パイロットの世界もまさしくこの世界です。アドバイスや援助があるにせよ、最終的に決断するのは機長です。その責任もすべて機長にあります。これを重荷と感じる人は機長にはなれません。

自分で責任を持つということは、目的は示されているものの、その目的を達成するための手段は自分で決めることができます。もし責任だけ持たされたら、決定権もゆだねてもらいましょう。自分がすべて責任を持って決断すると決めた瞬間から、いろいろなことが見えてきます。

羽田から小松へのフライトは通常羽田を離陸した後、日本アルプスを越えて松本から小松に向かいます。ところが日本アルプスの上には夏場とてつもない積乱雲が立つことがあります。このような場合に普通は小松から羽田への帰りに飛んでいるコースの逆のコース、つまり羽田を離陸後、浜松の上空を飛び、名古屋経由で小松に向かう経路だと雲にかすりさえしないことがあります。コース一つとっても、柔らかい思考が必要です。この経路を選択するのも機長の自由です。すべての責任を自分がとると思えば、経路を変えるぐらいのことは何でもありません。

別に、誰に言われなくても、肩書がなくても自分一人で思っているだけでもよいのです。今までと違って社会も会社もこのように自分で考え自分で決められる人間を必要としています。このような人間には地位も肩書も後からついてくるはずです。

これが通用しない上司や会社があれば、その上司にも会社にも未来はありません。

事前対策と事後対策

飛行機の世界では様々な危機管理の方法が採り入れられています。危機管理には、事前対策と事後対策の2種類があります。

事後対策は今そこに事態が起こっているために、金や人を得るのが簡単です。アメリカ人は、事故が起きて初めてその交差点に信号機を付けるような行政を「ツームストン行政（墓石行政）」と呼んでいます。

一方、事故やインシデントが起こる要素をあらかじめなくしてしまい、事故そのものが起きなくなるようにする対策が事前対策です。この事前対策のほうが事後対策よりもはるかに少ない費用や人間で行うことができます。さらに事故を起こして社長の首が飛んだり、企業が社会的な信用をなくして、大幅な苦境に立たされたりつぶれてしまうことを考えれば、事前対策と事後対策のどちらが重要かは明白です。

ある安全のセミナーで聞いた2人の消防士の話です。A街では秋にあちこちで落ち葉の山が築かれていました。一人の消防士は、火事に備えて車のエンジンをかけ常時出動に備えていました。火事が起こると一番先に飛んでいって落ち葉に水をかけて火事を消します。この消火活動を見ていたA街の人は「なんて仕事をよくする消防士なんだろう」と噂《うわさ》をしました。

もう一方のB街の消防士は火事で出動する準備の代わりに、落ち葉を集めて別の場所で処分して火事が起きないようにしていました。この行動を見ていたB街の人は「ヒマなんですね」と声をかけたそうです。

本当は、どちらの消防士のほうが、より優れた消防士といえるでしょうか？

現実でも消防士の日常活動では実際の消火活動は全体の25％以下で、その残りのほとんどの仕事が防火活動の仕事だそうです。いかに上手に火事を消しても、すでに燃えてしまったものは元には戻りません。

それよりは、あらかじめ火事を予防したほうがずっと簡単です。

さらに、実際に火事が起きた場合、焼けた家を元に戻すには、莫大《ばくだい》な費用と手間がかかります。また、失われたものの中には昔の写真のように二度と手に入らないものもあります。

事前対策はまだ事象が起きていないときに活動しなければならないので、どのようなことが問題になるのか、どのように対処したらもっとも効果があるのか、といった分析に十分な経験と能力が必要です。航空界ではピートと呼ばれる分析手法などの様々な手法や、その手法を実際に適用するためのツールが使われています。正しく運用されれば、**事前対策のほうがはるかに少ない費用と資源で十分な成果が上げられます。**

ぜひ、あなたの仕事にも事前対策の概念を導入してください。

対岸の火事と他山の石

パイロットは毎年何回もシミュレーターでエンジン故障の訓練をしますが、エンジンの信頼性は現在では格段に上がっています。エンジンが空中で故障する確率は２人のパイロットが一生飛び続けてそのうちのどちらかが1回故障に遭遇するかどうかの確率だそうです。

その他のお客様の病気や管制上の問題などのトラブルは、めったに起きません。自分一人の経験ではあまりに経験量が少なすぎます。そこで様々な本や諸外国の事故調査報告書、全世界で起きている様々なインシデントやアクシデントについての報告などを読んで、他山の石として勉強することになります。

これらの本や書類の読み方には一つのコツがあります。**ただ単に本や書類を読むのではなく、自分だったらどう決断して、どう対処するか考えながら読む**のがコツです。自分の考え方が、もし現実のインシデントやアクシデントを起こしたパイロットがとった行動と違ったときはなぜなのだろう、どのファクターを正しく読んだのか、または考えていなかったのかについて、改めて考え検証することができます。

多くのパイロットが単に飛行機のインシデントやアクシデントだけでなく、鉄道や原子力発電所、化学工場など様々な世界で起きたいろいろな事象を学んでいます。その基本は人間が犯す間違いやエラーには基本的に同じものがあるという認識です。それらの中から自分達にとって役立つ技法や考え方を研究しています。

業種が違う、会社が違う、部署が違う、うちは教育が行き届いているなど、対岸の火事と考えられる理由は無限に存在します。そう思ってしまった瞬間にせっかくの情報が何も生かされません。

重要なのは他業種、他社で起きていることも、自分の業種、自社、自分の部署で起きたと思って対策を考えることです。対岸の火事か他山の石なのかはひとえにその事象をとらえる考え方に帰着します。対岸の火事と考えて違う理由を探せば無限に見つかります。逆に他山の石と考えて同じ理由を考えればこれも無限に見つかります。

リスクマネジメントの基本は、すべての社会で起きている事象を対岸の火事でなく他山の石として見ることです。毎日、新聞を賑わせている様々な事件を決して他人事だと思わずに、自分の業界、会社、部署では大丈夫なのか、類似することが起きたらどう対処するべきかについて考えることが重要です。

リーダーとしての余裕

副操縦士になったばかりのときにある先輩から、パイロットはどんなに急いでいても決してお客様の前で走ってはいけないと言われたことがあります。パイロットが急いで走っているとお客様は何があったんだろう、と不安になるからだそうです。

これと同じようなことで、機長は副操縦士やキャビンクルーなどの他のクルーに対して決してあわてたり、落ち着かないそぶりを見せてはいけないと教わったこともあります。たとえ緊急事態や困ったことが起きても、内心はどうあれ、外見上は何事もなかったかのように振る舞わなくてはなりません。

他のクルーは機長の顔色を見ています。機長が落ち着いて泰然自若《たいぜんじじゃく》としていれば、皆安心します。その結果、十分なパフォーマンスを発揮してくれます。これに反して機長が少しでも心の動揺を見せれば他のクルーは不安になります。その結果、不安ばかりが心を占め、思わぬ間違いを誘発する危険性があります。これではチームとしては最悪です。

また人間の心理は、そのときの体の状況によって支配されるという話があります。つまり悲しいから泣くのではなく、泣くから悲しいのだ、と。もし自分があせってあわてた口調を使ったりすれば、そのことによって心理的に混乱するでしょう。これは当然他のクルーにも影響します。

たとえばチェックリスト一つ読むのでも、相手が急いでいればいるほど自分も急ぐのではなく、落ち着いた口調でゆっくり読むようにします。こうすることによって相手も落ち着いてきます。

ある先輩が乗っている飛行機で、離陸した直後に油圧系統が故障してしまったことがあるそうです。エンジンや他の装置は順調に動いていたので飛ぶのには問題がなかったのですが、この先何時間もかけて目的地まで飛ぶのはいろいろと不都合があります。

この先輩は、ひとまず十分な高さまで上昇し、自動操縦装置を入れ機体を落ち着かせた後、自分達もゆっくりと落ち着いて、客室からおしぼりをもらって汗をぬぐい、それから対策を検討したそうです。

機長は自分自身が指揮官であり、よき操縦者であるとともに後輩のよき見本であり、かつ指導者でなければなりません。そのためにも、後輩達の前で決してあわてている素振りなどは見せてはなりません。いかなる場合もあくまでも平然とどっしりと構えておく必要があります。そのためには単に見せかけだけではなく、将来の起こり得る事象をしっかりと予測し、それに対して何段階もの対策を事前に考えておく必要があります。上空で何かが起きた場合に、そのことについて考えて対処するのは当然のことですが、フライトを開始する以前に起こり得る様々な事象を考え、それについての対策を考えておくことが重要になります。飛行機の世界では原則として他人に起きたことは同じように自分にも起きる可能性があります。そこで各種の事故調査報告書や記事に目を通して、シミュレーションする必要があります。

ウィーンフィルの総指揮者であった小沢征爾《おざわせいじ》氏は、毎朝5時から起きて楽譜に向かい、ある曲をどう演奏するかについて勉強しているそうです。多くのパイロットもこれと同じように様々な報告書や事故事例を研究して、もし同じことが起きたときには自分がこうするという考えを持っています。完全に同じケースは起こらないかもしれませんが、こうやって考えておけば様々な緊急事態やおかしな事象が発生した場合に、有効な対策がとれる可能性が高くなります。

プロの条件

パイロットとして長い間飛んできてつくづく思うのは、飛行機の操縦席に座ったときにはその仕事の9割が終わっていなくてはいけないということです。パイロットが様々な制約条件の中で、いついかなるときにも結果を出すことを求められるということは、繰り返し言い続けてきたプロの基底条件です。いったん飛び上がってしまえば、よしんば目的地につくことができなくても、お客様と全乗員を無事に地上に連れて帰るのがプロとしての最低限の責務です。

そのために求められる能力は、近未来の予測能力と最悪の事態を想定してそれに対処する能力です。

一口に近未来の予測といっても簡単ではありません。これが簡単にできるぐらいならロト6や天皇賞を当ててすぐに大金持ちになれます。このとき重要になるのが経験によるカンです。経験によるカンとは、単なるヤマカンではなく、何年もいろいろなことを勉強し経験してきたからこそ働くカンです。

たとえば9時間先の目的地で到着予定時刻にはすでに前線が通過する予報が出ているとします。このときにそれまでの何年にもわたる気象の勉強や自分の経験から、予報では通過するといっているけれども、前線はまだ通過前かちょうど通過しているような気がしたとします。予報と自分のカンが違うときは、他の気象データや情報から、どちらが正しいかを考えます。それでもまだ迷うようでしたら、結果的に天気は自分にとって都合が悪いほうの天気になっていると仮定します。

こうしておけば、もし実際に到着時の天気が悪くてもそれはあくまで予想の範疇《はんちゅう》ですし、またもしも悪い予想が外れていい天気になっていたとしても何の問題もありません。

地上で飛行機が飛び立つ前はいろいろなことができます。最悪そのフライトをキャンセルして飛ばないこともできますし、燃料を多く積むのも一つの方法です。またルートを変えたり、飛ぶ時間や高度を変えることもできます。ところが飛び上がった時点で選択肢は大幅に減少します。さらに飛行を続けて目的地に近づけば近づくほど残っている燃料の量も減り、選択肢も減少していきます。地上で出発する前、それもディスパッチ段階が一番選択肢が多い状態です。出発前に搭載燃料量や飛行ルート、出発時間などを変えることによって、事故に繫《つな》がるかもしれない様々な条件のうち一つでも変えることができれば事故は防げます。

だからこそ地上で飛行機が出発する前に9割の仕事が終わっていなければなりません。

さらに言うならば、様々な勉強をして、フライトのために会社に出頭したときは仕事の8割が終わっていなくてはいけません。

これらの考えや知識を支えるのは日ごろの勉強です。それもマニュアルや教科書に書かれていないことを勉強しなければなりません。

飛行機の動かし方を書いたマニュアルを勉強するだけがプロの条件ではありません。

プロとして大事なのは、実際に起きている様々な天気や事象、事故の一歩手前のインシデントやアクシデントを勉強することです。どこかで誰かが風や霧で苦労したという話を聞いたら、その日の天気図や1時間ごとの天気の変化を入手し、自分ならどこでどんな判断をするかを考え抜くことです。

これを続けることで、予報では前線は到着前に抜けるといっているが、ひょっとするとまだ抜けきらず、一番天気が悪いときに着陸しなくてはいけないかもしれない、と考えることができるようになります。そういう予測ができるようになれば、前線が通過中で天気が一番悪いときにあたっても大丈夫なように、燃料を十分に積んだり、出発時間を若干ずらしたりすることも可能です。

自分が悪い天気を予想して、実際に前線が通過中で悪い天気だったとしたら、自分の読みが正しかったことになります。逆に悪い天気を予想したけれど、前線は早めに通過してしまって到着時にはよい天気だったとすると、自分の読みが間違っていたというデータが得られます。このデータを蓄積していって何が理由で読みがはずれたのかを考え続けることで、次回似たような天気にあたったときには正しく読んで正しく対処できるようになります。

天気だけでなく飛行機に起こる様々な故障については、外国の航空雑誌を見たり、インターネットのサイトを見たりして情報を集めます。年に何回か開かれる国際会議で外国人のクルーと話すのは最高によい機会です。こんなことがあったとか、こういう問題にどう対処しているとか本音の話が聞けます。

何回か顔を合わせて親しくなると、外国からもある問題が起きて困っているんだけれど何かいい解決策はないかと聞いてくることもあります。こういうときは世界中の航空会社で暗黙の約束があります。それはどんなに熾烈《しれつ》に商売上の争いをしていても、安全に関しては会社の違いも国境もないということです。パイロット達は、国境を越えていろいろな問題点やそれに対する対応策の情報を交換しています。

さらには全世界の航空会社が集まってそのような話をする場もあります。

同じ会社の均質化された中にいると、皆が同じことをして、同じような考え方を持つようになります。こうなると新しい考え方や対処法は出てきません。そういうときに外国の航空会社のパイロットの話を聞くと、パイロット全員にノートパソコンを配り、すべての紙の情報を廃止してしまったとか、離陸の順番待ちが長いときにはエンジンを止めてしまうとか……。「そんなやり方をやっているんだ」「そんなことを考えているんだ」と結構びっくりすることがあります。何もそこで商売のしのぎを削っているわけではありませんから、お互いがお互いのよいところを学んで安全性が増せばそれに越したことはありません。外国の様々な事例を先に学んでおくと、いろいろな対処法を考えておけます。これが、実際に遭遇した場合に、様々な方法をとり得る思考の柔らかさと決断力の元になります。

緊急事態にはコックピットだけでなくキャビンクルーも含めて、さらには地上の支援スタッフや管制官も含めて事態に対処しなければなりません。

普段協力が得られるような態度や行動をとっていなくて、緊急事態のときだけ抜群のチームワークを発揮するなどできるわけがありません。チームワークを作るのはあくまで機長の責任です。いろいろな方法で相手がいつでも自由に意見を言える雰囲気を作り出し、かつ仕事の上では適度な権威勾配《けんいこうばい》を維持して、いつでも自由に話せる雰囲気を作りながら、ひとたび機長が決定をしたら、たとえ自分の意見と違ってもそれに従って他のクルーが一丸となって動くという状態が理想の状態です。

機長が威張ったり単に会社が与えた業務上の地位に甘んじるだけでは、このようなチームは作れません。キャビンクルーとの短いブリーフィングの中にも体調が悪そうな人はいないかチェックし、いかに短い時間で相手の気持ちをつかんで一丸となって動くチームを作るのかに腐心します。そのためにはブリーフィングの前に「今日言うべきメッセージ」を考えます。

パイロットの世界で名人、上手といわれている人は、陰でものすごい努力をしています。

面白いのは飛行機についての勉強をものすごくやるのは当然なのですが、そうやって**名人、上手といわれる人ほど、飛行機の勉強だけでなく他の分野についても勉強している**ことです。原子力発電所の事故の話から、ＪＲの運転手のとっている安全施策まで、実によく知っています。自分の仕事に役立つと思えば京都の料亭の主人の話まで出てきます。そのほとんどが考え方やスタンス、自分の立つべき立脚点という話に結びつきます。宮本武蔵を書いた吉川英治の言葉ではありませんが、まさに「我以外皆我師」の思想です。そうすることによって狭い世界に限らない鳥の視点を持てるようになるのではないかと思っています。

エピローグ　空ほど美しい職場はない

大阪から札幌に向かうフライトは、世界でも有数の景色が美しい経路を飛んで行きます。

離陸してしばらくして、水平飛行に入ると、左に日本海が、そして右に太平洋が同時に見えます。不思議なことに両方の海はいつも色が違います。

上空から日本を見ると、その土地のほとんどが山に覆われ、人間は残されたほんの少しの平地に、ぎっしりと住んでいます。日本はなんて狭いんだろうと思う反面、その小さな日本が、世界中にいろいろなものを提供し、逆に世界中のあらゆるものが、日本に入ってきているのは、とても素晴らしいことだと思えます。

さらに飛行を続けると、右に小さく富士山が見えてきます。ここからが、日本最高の眺めです。乗鞍岳《のりくらだけ》、穂高《ほたか》、黒部渓谷《くろべけいこく》に黒四《くろよん》ダムと日本アルプスの山々が、その美しい姿を次々に見せてくれます。なだらかな稜線《りょうせん》が何となく女性的な乗鞍と、厳しくそそり立つ峰々が男性的な穂高が好対照を示します。

とくに美しいのが秋です。山の上のほうから段々と色づいてきた木々が、少しずつ色の違う何種類もの黄色や赤色の帯となって山々を飾ります。

また、冬の晴れた日に、雪に覆われた厳しい顔を見せるこれらの山々は、荘厳《そうごん》な姿を示しています。

コックピットは本当に特等席です。高緯度地方で見るオーロラは、時にカーテンのように大きく形を変えて揺れ、この世のものとは思えない美しさです。オーロラを見るたびに、北欧神話を思い出します。

上空で見る星々は地上で見るのとは形が違います。

天の川の周りの各星座は、教科書に載っている線をつないだ形だけでなく、その周りに細かい星々が、薄い白色の絵の具で絵を描いたように集まっています。

この白いところまでを含めて星座を見ると、オリオン座は本当に頭と手と足が、はっきり見えます。他の星座でも、本当にその星座の形に見え、古代ギリシャやローマの人が、どうしてその星座の名前を付けたのかがよくわかります。

私にとって空ほど美しい職場はありません。

こうやって景色を楽しむことができるようになったのも、あるフライトが転機になっています。そのとき私は機長昇格の訓練中で、当日はサイパンへのフライトでした。ディスパッチセンターに出頭して天気を見ると、サイパンに台風が接近していて強い風が吹き、周りは雲だらけでした。当日の教官は名人といわれている人で、挨拶《あいさつ》をすると、

「台風が来ていても着陸はお前がやるんだぞ」

と返事が返ってきました。

サイパンに近づいて高度を降ろしていくと、上昇気流と下降気流が交互に現れ、機体は大きく揺れます。そのうちオートパイロットが対処しきれなくなったのでオートパイロットをはずして手動で操縦しました。操縦桿《そうじゅうかん》は左手で動かし、右手でスラストレバーを動かすのですが、ものすごい勢いで持ち上げられ、片手で押さえるのも一苦労です。見かねた教官が「両手で操縦しろ。スラストレバーは俺《おれ》が動かす」と言って

くれました。普通はこういう飛び方はしません。教官が、操縦しているパイロットの意図と状況から、どうスラストレバーを動かせばよいか読めるからこそできるワザです。

気流と揺れの中で、飛行機をねじ伏せるようにして、電波の道を飛んで行きました。窓に打ち付ける雨は、まるで消防車のホースで水を当てているような勢いです。しばらく格闘してようやく滑走路の灯りが見えてきました。

こんな天気のときは、ソフトランディング（衝撃がないようにスムーズに着陸すること）しようとすると風にあおられて危険です。半ば滑走路に機体を叩《たた》きつけるように着陸しました。着陸後スポットに機体を止めエンジンを停止したのですが、それから数分間は誰も一言も話しませんでした。息も詰めたままじっとしているような数分間が過ぎ、ようやく落ち着いてきたと同時に膝《ひざ》が震えだしました。

このときの着陸は飛行機とパイロットの限界ぎりぎりです。名人といわれている教官だからこそできたのではないかと思います。今もって自分が同じ状況で副操縦士に任せる自信はありません。

このフライトから、自分のレベルが一気に3段階ぐらい上がったような気がします。このときが自分のパイロット人生の中で大きなターニングポイントだったといえるでしょう。努力を続けていくと、どこかで大きく技量や考え方がジャンプするときが来て、その後はそれまでとはまるで違うステージに立つことができます。

どんな仕事でも本物のプロになれば、今までとは違う美しい景色が見えてくるのではないかと思っています。

今の仕事がつまらなく思えても、実は面白さがわかるまでの高みに達していないだけなのかもしれません。

ぜひ皆さんも本物のプロへと脱皮して素晴らしい景色を眺めてください。

終わりに

今のあなたは、昨日までのあなたではありません。今のあなたには昨日までと違って多くの知恵があります。極限の世界に挑むパイロット達がその長年の努力で作り出してきた英知を手に、再び現実の世界へと向かってください。

明日への飛躍のために胸の中に翼をスタンバイさせて。

本を書くということはとっても楽しいことです。自分の書いた文章がたとえ少しでも人の役に立っていると思うと、それだけで心が温かくなります。

飛行機が一人では飛べないのと同じように、本も一人ではできません。多くの人の助けで初めて本が生まれます。

この本を作るにあたってインデックス・コミュニケーションズの川辺秀美さん、講談社の丸木明博局長、庄山陽子さん、その他多くの方々のご協力に支えられました。改めてここにお礼を述べたいと思います。

本作品は、二〇〇五年五月、インデックス・コミュニケーションズより刊行された『パイロットが空から学んだ一番大切なこと』を文庫収録にあたり、改題のうえ、加筆、改筆したものです。

坂井優基―現役の国際線ジャンボジェット機長。世界中の街を見ることを夢見てパイロットを目指し、航空大学校を経て大手航空会社に入社。これまでに世界18ヵ国、38以上の主要路線をフライトした。
著書には『パイロットが空から学んだ一番大切なこと』『パイロットが空から学んだ危機管理術』『機長の教え』(以上、インデックス・コミュニケーションズ)、『現役ジャンボ機長が編み出した　超音速勉強法』(日本実業出版社)、『高度3万フィート、思うがまま』(講談社)などがある。

講談社+α文庫　機長《きちょう》の判断力《はんだんりょく》
――情報・時間・状況を操縦する仕事術
坂井優基《さかいゆうき》

2009年5月20日第1刷発行
2009年12月2日第3刷発行

発行者――鈴木 哲
発行所――株式会社 講談社
東京都文京区音羽2-12-21 〒112-8001
電話 出版部(03)5395-3530
販売部(03)5395-5817
業務部(03)5395-3615
カバー写真――講談社資料センター
デザイン――鈴木成一デザイン室
本文データ制作――講談社プリプレス管理部
図版データ制作――朝日メディアインターナショナル株式会社
カバー印刷――凸版印刷株式会社
印刷――慶昌堂印刷株式会社
製本――株式会社国宝社

落丁本・乱丁本は購入書店名を明記のうえ、小社業務部あてにお送りください。
送料は小社負担にてお取り替えします。
なお、この本の内容についてのお問い合わせは
生活文化第三出版部あてにお願いいたします。
Printed in Japan ISBN978-4-06-281279-5
定価はカバーに表示してあります。